U0128591

草原起妙音

CAOYUAN QI MIAOYIN

图说乌兰牧骑

曹志高 编著

内蒙古人民出版社

序

　　苍天为穹布，大地为舞台。巡游千里，只为壮阔时代而歌；露宿风餐，只为普通牧民而舞。

　　时光如箭，岁月如梭。"乌兰牧骑"已经走过60年光辉岁月。他们源自草原，深入草原，他们情系群众，服务群众。他们是草原的孩子，用歌声伴随草原孩子长大，他们是文艺的使者，用琴弦让文艺深入人心。作为生长在草原上的孩子，《草原起妙音——图说乌兰牧骑》的出版，让我又一次重温回忆，沉浸其间，流连忘返。

　　本书是我的好朋友，我区著名收藏家曹志高的系列丛书之一。曹兄收藏的20世纪50～90年代和乌兰牧骑相关的演出节目单、老照片、老报纸、老年画、绘画、书刊以及乌兰牧骑出版的《乌兰牧骑演唱》等藏品，如同一扇扇时空之窗。通过这些窗户，我们看到乌兰牧骑是如何穿越千里草原和甲子时光，从踽踽草原上的孤独旅者，成长为红色文艺战线上的坚强战士；从志忑怯场的青涩歌者，到热情洋溢、才华横溢的专业演员。

　　翻开图书，我不禁为书中那些熟悉画面、难忘场景、详实文献和珍贵图片所吸引，一气读来，不忍掩卷。这些镌刻时代印记的收藏品，为乌兰牧骑的发展和研究乌兰牧骑文化提供了最有力的资料佐证，勾起了隽永记忆，也给我留下了深深思考和浓浓感动。

　　1957年的苏尼特大草原上，第一支乌兰牧骑仅有九个人、两辆勒勒车、四件乐器，从这支小队伍开始，乌兰牧骑人在困难的环境下艰苦奋斗、无私奉献，到1963年内蒙古大草原上已有30支乌兰牧骑，星火燎原，如今的乌兰牧骑已发展到75支队伍、3000多名队员。从1964进京汇报演出得到毛主席和周总理的充分肯定，并按周总理部署进行全国巡演，到1979年走出国门，在多国访问演出，乌兰牧骑的影响力越来越大。队伍精悍，演员多能，节目多样，演出灵活，适合农牧民文化生活的需要，是乌兰牧骑迅速成长的秘诀。

　　在这里，要由衷感谢收藏家曹志高先生，感谢他甘于清贫，舍得付出，历经二十余年，走遍祖国大江南北，为收集乌兰牧骑相关文献史料做出卓越贡献；感谢他不忘初心，淡泊名利、持之以恒，以一己之力承担起内蒙古各类文献史料收集与整理的重担；感谢他可以居无屋、可以行无车、可以食无肉、可以囊无钱，也不放过任何一件珍贵的文献文物。这种精神和乌兰牧骑体现的"艰一苦奋斗，勇于付出"精神一脉相承，值得学习和赞扬。

60 年风雨历程，乌兰牧骑像美丽的鲜花在草原蓬勃生长，美丽绽放。那沧桑的蒙古族长调、天籁般的歌声、优美的舞蹈，伴随着马头琴悠扬的旋律，历久弥新，生生不息。正如习近平总书记所说："乌兰牧骑的长盛不衰表明，人民需要艺术，艺术也需要人民。在新时代，希望你们以党的十九大精神为指引，大力弘扬乌兰牧骑的优良传统，扎根生活沃土，服务牧民群众，推动文艺创新，努力创作更多接地气、传得开、留得下的优秀作品，永远做草原上的'红色文艺轻骑兵'。"

今日为盛世，盛世重收藏。当前，内蒙古的收藏意识、博古意识还亟待提高。内蒙古要建成中国文化大区，内蒙古文艺工作者要成为中国文艺的先锋，就要以古鉴今，服务大众。曹志高的这本书，为我们提供了一个很好的范例。

以为序。

（王占义，新华社内蒙古分社原副社长，新华社新闻研究所特约研究员，内蒙古大学文学与新闻学院硕士生导师，内蒙古防沙治沙协会首席智库专家，内蒙古十大藏书家。从新华社退休以后致力于公益事业，先后创办了内蒙古史料博物馆、世界报刊博物馆、毛泽东图书文献博物馆）

概　述

　　内蒙古地域辽阔，人口分散。在二十世纪五十年代初期，广大人民群众的文化生活极度贫乏，虽旗、县一级相继建立了文化馆（站），但由于地广人稀、交通不便，没有起到很好的宣传作用。

　　1957 年 5 月初，内蒙古自治区党委第一书记、自治区主席乌兰夫同志在总结自治区十年工作时指出，"在经济、文化建设工作中，曾经发生和仍然存在着的主要问题是：缺乏周密的、系统的调查研究，有些工作不能很好地根据民族的和地区的特点来贯彻执行党和国家总的方针政策，有时往往发生搬用别的地区的工作经验的偏向"。

　　内蒙古自治区文化局根据乌兰夫同志的指示精神，分析了内蒙古地区的牧区和半农半牧区文化工作中存在着的长期听不到广播，看不到电影、演出、展览及图书等情况，认为必须建立一支便捷、流动性强、短小精悍、人员一专多能的文化工作队，才能把演出和党的方针政策等直接送到农牧民居住地。为此，文化局组织了工作组到锡林郭勒盟苏尼特右旗搞了三个月试点，组成了一支流动性强、能为广大农牧民群众巡回演出的文化工作队，可以经常深入牧区的蒙古包、草场进行演出，同时还可以为农牧民送医、送药、送图书，还可以宣传党的方针政策。这支文艺工作队，一般十二人左右，成员一专多能，能拉会唱，能歌善舞，会放幻灯片，会讲解图片，演出内容丰富多彩，多是群众喜闻乐见的节目，演出受广大农牧民的喜爱。这支文艺工作队就叫"乌兰牧骑"，即"草原上的红色文艺轻骑兵"。就这样，内蒙古第一支乌兰牧骑在苏尼特右旗诞生了。

　　1963 年，全区已有 30 多支乌兰牧骑，这支草原红色文艺轻骑兵，深入农村、牧区、场矿、边防哨卡，为当地群众进行宣传演出，带去了党中央和自治区的声音，与广大的农牧民建立了深厚的友谊和紧密的联系，成为人民群众的宣传员。

1964 年，乌兰牧骑参加全国少数民族群众业余艺术观摩演出会时，毛主席、周总理等中央领导接见了参演队员，并高度评价和赞誉，称赞乌兰牧骑是一面旗帜，《人民日报》连续发表七篇文章赞扬和宣传乌兰牧骑。为了推广乌兰牧骑的经验，根据周恩来总理的提议，文化部决定选调乌兰牧骑到全国各地巡回演出。

1965 年 6 月上旬，乌兰牧骑组成三个巡回演出队，从北京出发，历时七个半月，跨跃祖国的大江南北、长城内外，西至阿里，东到厦门，北到大庆，以及井冈山、延安等革命老区，走遍了二十七个省市、自治区，行程十万余里，把文艺活动带到全国各地。雪域高原，天山南北，有过他们矫健的舞姿；边防哨卡，钻井机旁飘过他们嘹亮的歌声；田间地头，矿井下面，荡漾着他们欢乐的笑声；山林小学，窑洞土炕，流淌着他们辛勤的汗水……

演出六百余场，观众达百万人次，乌兰牧骑所到之处，受到当地群众的热烈欢迎，在全国的影响已经超越了文艺界的范围，受到全国各族人民的好评和赞誉。

全国巡回演出结束回到北京后，周恩来、朱德、陈毅、邓小平等党和国家领导人亲切接见了全体演出队员。

乌兰牧骑在深入农村、牧区为农牧民演出中，培养了一大批优秀人才，创作了很多具有浓郁民族特色的作品，歌舞节目有《为祖国锻炼》《巡逻之夜》《顶碗舞》《牧民的喜悦》《鄂尔多斯婚礼》《达拉根巴雅尔》《彩虹》《钢托拉嘎》《看望我的边防连》《草原儿女爱延安》，好来宝、乌力格尔有《牧马英雄》《嘎达梅林起义歌》，歌曲有《毛主席，草原人民热爱您》《吉祥的那达慕》《北疆赞歌》《牧民歌唱共产党》《总理爱听

马头琴》等。

乌兰牧骑是全国文艺战线的一面光辉旗帜。自1957年成立以来，队员们深入农牧区、场矿、部队、边防哨卡，宣传党的路线、方针、政策，为农牧民、工人、解放军进行政策宣传、文艺演出，并送医送药、送图书，丰富了基层群众的业余文化生活，深受人民群众的喜爱。

1960年，鄂托克旗乌兰牧骑指导员热喜、苏尼特右旗乌兰牧骑女队长伊兰出席了全国文联群英会。

1964年，毛泽东主席接见了参加全国少数民族群众业余艺术观摩演出会的乌兰牧骑队员；1965年10月，毛泽东、周恩来、朱德、陈毅等党和国家领导人接见了参加国庆演出的乌兰牧骑队员。周恩来总理对乌兰牧骑倾注了大量心血，生前曾十二次接见乌兰牧骑队员。邓小平亲笔为乌兰牧骑题词："发扬乌兰牧骑精神，全心全意为人民服务。"

1966年1月，自治区主席乌兰夫在呼和浩特市接见了乌兰牧骑全国巡演队员，祝贺他们出色完成了演出任务。

1978年1月、6月，乌兰夫副委员长分别观看了乌兰牧骑演出，并鼓励和赞扬乌兰牧骑。

乌兰牧骑队员没有辜负老一辈革命家的殷切期望，他们全心全意为农牧民服务，坚苦实干，谱写了雄浑、壮美的华章。

1980年，乌兰牧骑作为内蒙古代表团的二队参加了全国少数民族文艺汇演。1981年，鄂托克旗、鄂温克旗乌兰牧骑出席了全国农村文化艺术工作先进集体、先进工作者表彰大会。1982年，鄂托克旗乌兰牧骑出席了全区职工劳模大会，被授予全区先进标兵单位的光荣称号。同年，鄂托克旗、鄂温克旗、杭锦后旗、扎鲁特旗、正镶白旗、土左旗、武川县、凉城县等九个乌兰牧骑和曲云、乌嫩齐、巴达玛、许燕、其木德、巴图朝鲁、呼格吉勒图、哈斯巴根、贺继成、青格勒图、娜仁格日勒等十一名优秀队员出席了自治区农村牧区文化艺术工作先进集体、先进工作者表彰大会，受到自治区文化局的奖励。其中，鄂托克旗乌兰牧骑是自治区的一个先进典型，1980年全国少数民族文艺会演时，内蒙古代表团的二队（即乌兰牧骑）的大部分队员来自鄂托克旗乌兰牧骑。此时，自治区第一个乌兰牧骑——苏尼特右旗乌兰牧骑的演出节目也更加丰富多彩了，增添了木偶戏的演出，受到农牧区儿童的欢迎。

1997年，江泽民、李鹏、乔石、李瑞环、布赫等党和国家领导人为乌兰牧骑题词，高度赞扬了乌兰牧骑所做出的贡献。

2017年，习进平总书记给苏尼特右旗乌兰牧骑队员回信，赞扬他们："六十年来，一代代乌兰牧骑队员迎风雪，冒寒暑，长期在戈壁、草原上辗转跋涉，以天为幕布，以地为舞台，为广大农牧民送去了欢乐和文明，传递了党的声音和关怀。"

习进平总书记勉励乌兰牧骑队员："大力弘扬乌兰牧骑的优良传统，扎根生活沃土，服务牧民群众，推动文艺创新，努力创作更多接地气、传得开、留得下的优秀作品，永远做草原上的'红色文艺轻骑兵'。"

乌兰牧骑这朵深深根植内蒙古的草原红花，盛开在广袤的草原上，迎接着大自然的风风雨雨，必将更加美丽、绚烂！

目　录

党和国家领导人题词

习近平回信勉励乌兰牧骑队员

大力弘扬乌兰牧骑优良传统
永远做草原上的"红色文艺轻骑兵"

习近平的回信

苏尼特右旗乌兰牧骑的队员们：

你们好！从来信中，我很高兴地看到了乌兰牧骑的成长与进步，感受到了你们对事业的那份热爱，对党和人民的那份深情。

乌兰牧骑是全国文艺战线的一面旗帜，第一支乌兰牧骑就诞生在你们的家乡。60年来，一代代乌兰牧骑队员迎风雪、冒寒暑，长期在戈壁、草原上辗转跋涉，以天为幕布，以地为舞台，为广大农牧民送去了欢乐和文明，传递了党的声音和关怀。

乌兰牧骑的长盛不衰表明，人民需要艺术，艺术也需要人民。在新时代，希望你们以党的十九大精神为指引，大力弘扬乌兰牧骑的优良传统，扎根生活沃土，服务牧民群众，推动文艺创新，努力创作更多接地气、传得开、留得下的优秀作品，永远做草原上的"红色文艺轻骑兵"。

习近平

2017年11月21日

望你们保持不锈的乌兰牧骑称号，把革命的音乐舞蹈传遍到全国土地上，去鼓舞人民。

周恩来

（摘自 1965 年 12 月 22 日在中南海讲话）

周恩来 1965 年在中南海的讲话 选自《乌兰牧骑研究》内蒙古自治区乌兰牧骑学会 2005 年 10 月 29 日

发扬乌兰牧骑作风，全心全

意为人民服务。

邓小平 　 一九八二年

邓小平的题词　选自《乌兰牧骑研究》内蒙古自治区乌兰牧骑学会 2005 年 10 月 29 日

让乌兰牧骑
文艺之花·在
全国开放。

乌兰夫　一九八三年十月一日.

乌兰夫的题词　选自《乌兰牧骑研究》内蒙古自治区乌兰牧骑学会 2005 年 10 月 29 日

乌兰牧骑是社会主义文艺战线上的一面旗帜

江泽民

一九九七年七月八日

江泽民题词　选自《乌兰牧骑研究》内蒙古自治区乌兰牧骑学会 2005 年 10 月 29 日

发扬乌兰牧骑光荣传统，全心全意为各族牧民服务。

李鹏

一九九七年六月二十二日

李鹏题词　选自《全国乌兰牧骑先进团（队）表彰大会暨交流演出资料汇编》中华人民共和国文化部少数民族文化司编 1997 年 8 月

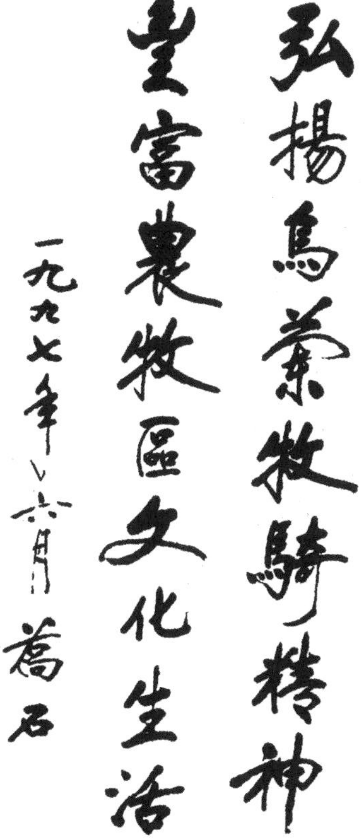

弘扬乌兰牧骑精神
丰富农牧区文化生活
一九九七年六月 乔石

乔石题词 选自《戈壁鲜花》乌拉特后旗乌兰牧骑
2008年

根植草原
情系牧民
李瑞环 一九九七年书

李瑞环题词 选自《全国乌兰牧骑先进团（队）
表彰大会暨交流演出资料汇编》中华人民共和国
文化部少数民族文化司编 1997年8月

李铁映题词　选自《全国乌兰牧骑先进团（队）表彰大会暨交流演出资料汇编》中华人民共和国文化部少数民族文化司编　1997 年 8 月

发扬乌兰牧骑优良传统

繁荣社会主义民族艺术

周巍峙 一九九七年

周巍峙题词　选自《全国乌兰牧骑先进团（队）表彰大会暨交流演出资料汇编》中华人民共和国文化部少数民族文化司编 1997 年 8 月

乌兰牧骑照片

利用演出的空隙和群众一起搭畜圈　选自《乌兰牧骑之歌》音乐出版社 1965 年

在蒙古包里演出　选自《乌兰牧骑——红色文化工作队》中国戏剧出版社 1965 年

红色宣传员　帮助群众进行政治学习　选自《乌兰牧骑——红色文化工作队》中国戏剧出版社 1965 年

剪羊毛 选自《乌兰牧骑——红色文化工作队》中国戏剧出版社 1965 年

给牧民看立体镜　选自《乌兰牧骑——红色文化工作队》中国戏剧出版社 1965 年

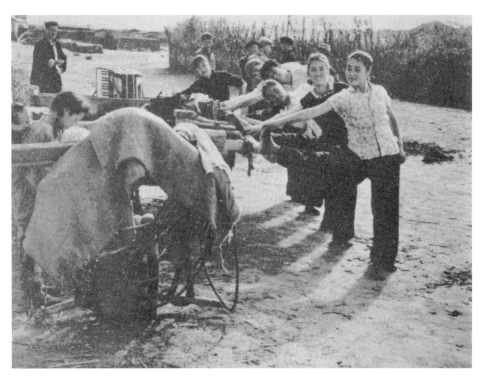

练基本功　选自《乌兰牧骑——红色文化工作队》中国戏剧出版社 1965 年

听牧民讲"家史""公社史" 选自《乌兰牧骑——红色文化工作队》中国戏剧出版社 1965年

为牧民们演出《学习毛主席著作》　选自《乌兰牧骑——红色文化工作队》中国戏剧出版社　1965年

《顶碗舞》 演出照
选自《乌兰牧骑——红色文化工作队》中国戏剧出版社
1965 年

蒙古族歌剧《团结桥畔》演出照　选自《乌兰牧骑——红色文化工作队》中国戏剧出版社　1965 年

《好社员舞》演出照　选自《乌兰牧骑——红色文化工作队》中国戏剧出版社 1965 年

《巡逻之夜》演出照　选自《乌兰牧骑——红色文化工作队》中国戏剧出版社 1965 年

《为祖国锻炼》演出照　选自《乌兰牧骑——红色文化工作队》中国戏剧出版社 1965 年

《英勇的边防军》演出照　选自《乌兰牧骑——红色文化工作队》中国戏剧出版社 1965 年

《达西是个小战士》演出照　选自《乌兰牧骑——红色文化工作队》中国戏剧出版社 1965 年

《我们是文化轻骑队》 演出照　选自《乌兰牧骑——红色文化工作队》中国戏剧出版社 1965 年

参加民兵军事训练　　选自《乌兰牧骑——红色文化工作队》中国戏剧出版社 1965 年

教群众唱革命歌曲　选自《乌兰牧骑——红色文化工作队》中国戏剧出版社　1965 年

乌兰牧骑演员翻山越岭把文化送到偏僻地区　选自《乌兰牧骑之歌》音乐出版社　1965 年

演出前把画报、杂志拿给牧民看　选自《乌兰牧骑之歌》音乐出版社　1965 年

草原钢城气象新，乌兰牧骑献红心　选自《乌兰牧骑》明信片

草滩作台天作幕，劳动歌舞遍征途　选自《乌兰牧骑》明信片

牧业农业争上游，满怀豪情唱丰收　选自《乌兰牧骑》明信片

那达慕大会红旗飘，我们歌颂新生事物好　选自《乌兰牧骑》明信片

迎着富饶的草原，我为你唱赞歌　选自《乌兰牧骑》明信片

马头琴声多激昂，草原牧民心花放　选自《乌兰牧骑》明信片

革命歌舞记在心，牧民不忘阶级苦　选自《乌兰牧骑》明信片

宣传党的基本路线，赞美祖国气象万千　　选自《乌兰牧骑》明信片

歌舞刚散场，针灸治病忙　选自《乌兰牧骑》明信片

放下琴，拿起笔，满腔热忱画"额吉"　选自《乌兰牧骑》明信片

跃上骏马举起枪，草原轻骑练武忙　选自《乌兰牧骑》明信片

看书学习抓得紧，继续革命向前进　选自《乌兰牧骑》明信片

送戏上门练功忙，走遍草原迎朝阳　选自《乌兰牧骑》明信片

草原轻骑兵　　选自《新闻摄影作品选》锡林郭勒日报、乌兰察布日报、鄂尔多斯报、巴彦淖尔报、呼铁工人报、

兵团战友报、呼和浩特日报、包头日报联合出版　1975年

41

送歌　选自《新闻摄影作品选》锡林郭勒日报、乌兰察布日报、鄂尔多斯报、巴彦淖尔报、呼铁工人报、兵团战
友报、呼和浩特日报、包头日报联合出版　1975年

牧民看到芭蕾舞　　选自《新闻摄影作品选》锡林郭勒日报、乌兰察布日报、鄂尔多斯报、巴彦淖尔报、呼铁工人报、

兵团战友报、呼和浩特日报、包头日报联合出版　1975年

活跃在内蒙古草原上的乌兰牧骑　选自《乌兰牧骑》　内蒙古人民出版社　1976 年

44

雪地行军 选自《乌兰牧骑》 内蒙古人民出版社 1976年

《毛主席是我们心中的红太阳》演出照

选自《乌兰牧骑》 内蒙古人民出版社 1976年

赶先进 找差距 选自《乌兰牧骑》 内蒙古人民出版社 1976 年

起舞黄河畔 选自《乌兰牧骑》 内蒙古人民出版社 1976年

车行千里无阻挡 选自《乌兰牧骑》 内蒙古人民出版社 1976年

流动图书箱　选自《乌兰牧骑》　内蒙古人民出版社　1976年

舞姿翩跹　选自《乌兰牧骑》　内蒙古人民出版社　1976年

慰问边防战士　选自《乌兰牧骑》　内蒙古人民出版社　1976年

打草场上 选自《乌兰牧骑》 内蒙古人民出版社 1976 年

兴旺的草原 广阔的舞台　选自《乌兰牧骑》 内蒙古人民出版社　1976 年

放映电影　选自《乌兰牧骑》　内蒙古人民出版社　1976 年

途中　选自《乌兰牧骑》　内蒙古人民出版社　1976 年

搜集民歌 放声歌唱 选自《乌兰牧骑》 内蒙古人民出版社 1976 年

天安门前放声歌唱　选自《乌兰牧骑》　内蒙古人民出版社　1976 年

教舞蹈　选自《乌兰牧骑》　内蒙古人民出版社　1976年

乌兰牧骑演员为医务工作者演出　选自《乌兰牧骑》　内蒙古人民出版社　1976年

沿着毛主席革命路线继续前进　选自《乌兰牧骑》　内蒙古人民出版社　1976年

演出之前　选自《乌兰牧骑》　内蒙古人民出版社　1976年

传指法　选自《乌兰牧骑》　内蒙古人民出版社　1976年

定居点上唱新歌　选自《乌兰牧骑》　内蒙古人民出版社　1976年

乌兰牧骑在草原　　选自《今日内蒙古》　内蒙古人民出版社　1977 年

乌兰牧骑绘画

速写《蒙古族民间舞剧〈沙丘王子〉》 作者：陈启东

速写《二人台对唱》 作者：陈启东

速写《改编二人台舞剧〈华月春舞〉》

作者：陈启东

速写《蒙古族舞蹈〈驼铃舞〉》

作者：陈启东

速写《乌兰牧骑歌舞》　作者：陈启东

速写《蒙古族歌舞〈雪白的哈达寄深情〉》　作者：陈启东

速写《乌兰牧骑歌舞》　作者：陈启东

速写《乌兰牧骑歌舞》 作者：陈启东

速写《乌兰牧骑歌舞》 作者：陈启东

速写《乌兰牧骑歌舞》 作者：陈启东

速写《乌兰牧骑歌舞》 作者：陈启东

速写《乌兰牧骑歌舞》 作者：陈启东

速写《乌兰牧骑歌舞》 作者：陈启东

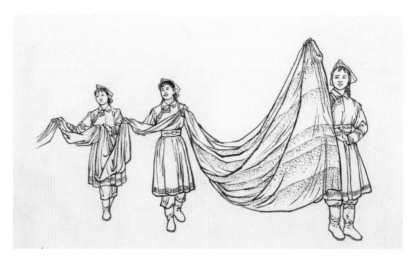

速写《乌兰牧骑歌舞》 作者：陈启东

乌兰牧骑队员演出（木刻版画）　选自《草原轻骑》天津人民出版社　1973年

乌兰牧骑队员演出（木刻版画） 选自《草原轻骑》 天津人民出版社 1973 年

乌兰牧骑队员演出（木刻版画）　　选自《草原轻骑》　天津人民出版社　1973年

乌兰牧骑队员演出（木刻版画）　选自《草原轻骑》　天津人民出版社　1973 年

乌兰牧骑队员演出（木刻版画） 选自《草原轻骑》 天津人民出版社 1973 年

乌兰牧骑演出节目单

全国少数民族群众业余艺术观摩演出会

内 蒙 古 自 治 区
乌兰牧骑代表队汇报演出

节 目 单

中 华 人 民 共 和 国 文 化 部 主办
中华人民共和国民族事务委员会
1964·12 北京

全国少数民族群众业余艺术观摩演出会节目单 1964 年 12 月 北京

全国少数民族群众业余艺术观摩演出会节目单内页　1964 年 12 月　北京

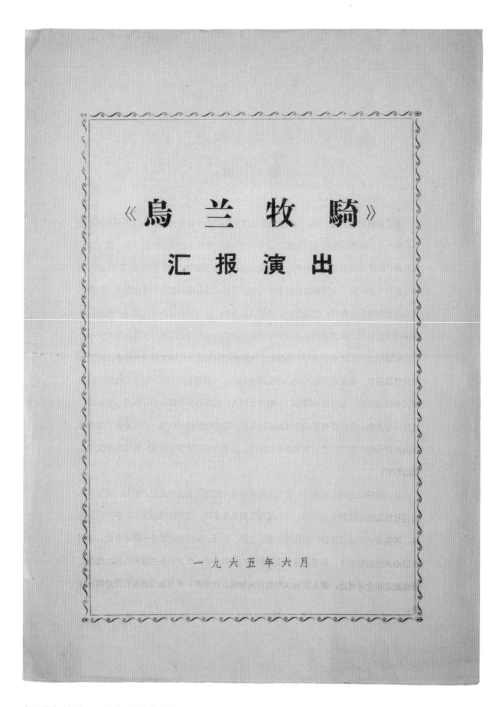

《乌兰牧骑》

汇报演出

一九六五年六月

乌兰牧骑汇报演出节目单 1965 年 6 月

前言

为了加强民族文化工作，内蒙古自治区文化部门在内蒙古党委和各级党委的领导下，从一九五七年初现在先在牧区，后来又在半农半牧区和农区的一部分旗、县（包括自治旗）试建和发展了一批新型的红色文化队——乌兰牧骑。乌兰牧骑通过演出、辅导、宣传等形式向广大劳动农牧民宣传毛泽东思想，进行阶级教育和爱国主义、社会主义以及民族团结的教育；普及生产、科学卫生知识；辅导群众文化活动；编绘、翻译演唱宣传材料。乌兰牧骑组织着传播社会主义的、革命的新文化，抵制和反对资本主义、封建主义的旧文化，占领、巩固和广大社会主义思想文化阵地的重大任务。乌兰牧骑从自治区农、牧区的实际出发，在实践中形成了一套便于为工农（牧）兵服务的组织和活动方法。它的组织精悍，一般十二人，活动内容丰富多彩，形式小型多样，成员一专多能，会作多种形式的宣传演出工作，乌兰牧骑建立以来，积极配合了各个时期的政治斗争和生产斗争，它的建立和发展，是党的民族政策的胜利，是毛泽东文艺思想的胜利。

乌兰牧骑的方向是正确的，在具体活动中前进中所走过的路子也是对头的。但是，由于各个乌兰牧骑建立的时间先后不同，工作框量的积累也不一，因而发展的水平并不一样。同时，不论哪一个乌兰牧骑，队员的思想、工作、学习、生活都需要进一步革命化。我们有信心在党的领导下，高举毛泽东文艺思想的红旗，进一步加强乌兰牧骑的思想建设、组织建设和业务建设，深入贯彻执行乌兰牧骑的方针任务，更好地为农牧民劳动群众服务。

乌兰牧骑巡回演出队第一队汇报演出
节 目 单

一、曲场式：我们是文化轻骑队
　　作　者：本队集体
　　表演者：本队全体

二、对口词：哈兵
　　作　者：内蒙古军区492部队　阎明林
　　表演者：道日吉、占布拉

三、舞蹈：筑军上的民兵
　　作　者：阿拉善左旗乌兰牧骑集体
　　表演者：敖日吉玛、占布拉等

四、快板：支前
　　表演者：刘桂琴、王正义

五、舞蹈：好社员
　　作　者：保选荣等
　　表演者：乌兰牧骑巡回演出队
　　表演者：乌云

六、齐唱：
　　① 五个不可忘记
　　　　哈 延词　顺尔琴格曲
　　② 毛主席的战士最听党的话
　　　　王之洲词、曲
　　③ 风雪之歌
　　　　花光远词　晓　同曲
　　④ 高举革命大旗
　　　　蒙 己词　孟 波词
　　　　表演者：本队全体

七、女声齐唱：
　　① 人民公社好
　　　　鄂尔多斯民歌　吉西吉日格格词、曲
　　② 草原上我起了前顾话
　　　　内蒙古民歌　胡叶尔编词
　　③ 内蒙古好地方
　　　　阿迪雅词　图力吉尔曲
　　④ 学大寨
　　　　鄂尔多斯新民歌　哈斯华力格图词
　　　　表演者：本队女队员

八、小演唱：语 筒
　　作　者：敖·都古尔　编曲：桑 杰
　　表演者：道日吉、乌达巴拉、敖日吉玛

九、诗：颂南兄弟，支持你！
　　表演者：本队男队员

十、舞 蹈：为祖国歌唱
　　作　者：阿拉善左旗乌兰牧骑集体
　　表演者：敖日吉玛、刘桂琴、宋正玉、乌云

十一、小歌剧：团结砖瓦
　　原　作：古勒木德乐采巢
　　改　编：乌兰牧骑巡回演出队
　　表演者：乌达巴拉、敖日吉玛、道日吉等

十二、好来宝：牧马英雄
　　作　者：内蒙古自治区群众企业会艺术代表团集体
　　表演者：都古尔、鸣 等

十三、顶碗舞
　　作　者：宋正玉等
　　表演者：宋正玉

十四、民乐齐奏：
　　① 草原晨曲
　　　　达格德夫词　潘 福曲
　　② 社员都是向阳花
　　③ 春到草原
　　　　表演者：葛 西、邓水顺等

十五、马头琴独奏：
　　① 绣荷花
　　② 劳动晚虎哪布只鸟
　　　　内蒙古民歌　额尔登格赖词
　　③ 捞鱼水泥打浪
　　　　表演者：都古尔

十六、舞蹈：莲塘之夜
　　编 舞：福 · 达林太
　　表演者：宋正玉、刘桂琴

十七、女声独唱：
　　① 党的教育好
　　　　巴盖词　拉西邑楞编曲
　　② 红旗一代传一代
　　　　鄂尔多斯民歌　郑 春编词
　　③ 赞唱鲜民区
　　④ 在北京的金山上
　　　　藏族民歌
　　⑤ 逐路缭好北上阳星
　　　　内蒙古新民歌
　　⑥ 今年秋千图春福
　　⑦ 礼 物
　　　　鄂尔多斯新民歌
　　　　演唱者：杨玉兰

十八、变代：欢唱三面红旗
　　创作者：本队集体
　　表演者：本队全体

乌兰牧骑汇报演出节目单内页　1965年6月

89

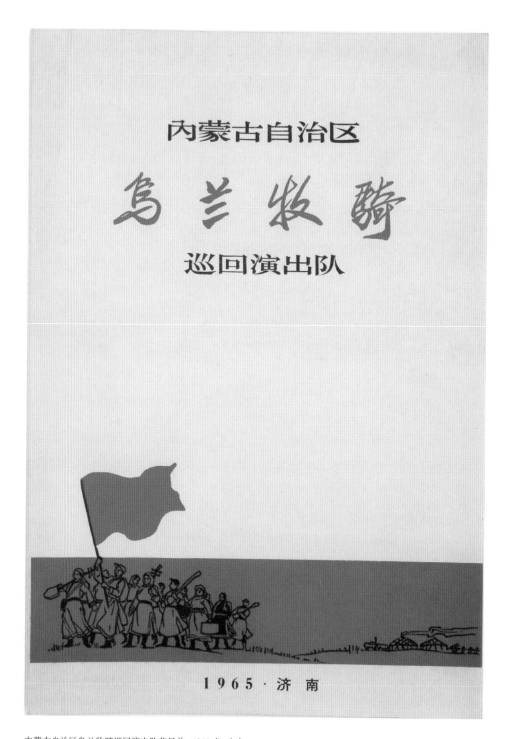

内蒙古自治区乌兰牧骑巡回演出队节目单 1965 年 济南

前 言

今天，内蒙古自治区乌兰牧骑巡回演出队能够来这里敬汇报演出，感到非常高兴。首先，我们对各位首长和同志们给予我们的关怀和帮助，表示衷心的感谢。

乌兰牧骑是在内蒙古各级党委的领导下，于一九五七年开始建立的，现在自治区已经有三十八个旗县建立了乌兰牧骑。乌兰牧骑是一种综合性的文化单位，人员一般为十二人。它的方针任务是：在毛泽东思想的光辉照耀下，贯彻执行党的文艺为工农（牧）兵服务、为社会主义服务的方向和百花齐放，百家争鸣、推陈出新的方针。它通过演出、辅导、宣传这三种形式，向广大的农村牧区宣传社会主义文艺，普及社会主义新文艺，为巩固和发展农村牧区社会主义文化阵地贡献力量。

乌兰牧骑在中央和内蒙古党委的关怀和领导下，虽然做了些工作，但与党和人民对我们的要求来说，还有很大差距。我们这次来这里是向你们作汇报演出，向你们学习，向文艺界同志们学习，学习你们的革命精神、革命作风，学习你们为工农兵服务、为社会主义服务的先进经验，以便提高我们，进一步加强我们的思想建设、组织建设和业务建设，更好地为工农（牧）兵服务，为社会主义服务。

我们的演出是按照在农村牧区活动的形式进行的，参加的有十二名队员，演出水平很低，希望同志们多加批评和指导。

节 目 单

| 出 场 式：我们是文化都骑队 |
| 作　者：水队集体 |
| 表演者：水队全体 |
| 对 口 词：哈兵 |
| 作　者：内蒙古军区4720部队　阎明林 |
| 表演者：道日吉、古布拉 |
| 起呈上的民兵 |
| 舞　蹈：阿拉泰左旗乌兰牧骑集体 |
| 表演者：独日吉玛、古乃投等 |
| 快　板：改天换地 |
| 表演者：刘桂琴、独日吉玛、乌云、杨玉兰、李玉珍 |
| 舞　蹈：好社员 |
| 原　作：保治崩等 |
| 改　编：乌兰牧骑直属演出队 |
| 表演者：乌云、李玉山 |
| 齐　唱：① 五个不可忘记 |
| 哈 琊词　额尔登格曲 |
| ② 毛主席的战士听党的话 |
| 李之金词、曲 |
| ③ 风雷之歌 |
| 绣七锭词　陵 河曲 |
| ④ 高举革命大旗 |
| 西 巴词　孟 波曲 |
| 表演者：水队全体 |
| 女声齐唱：① 内蒙古好地方 |
| 阿达赖词　雅设旗乌兰牧骑　图力古尔曲 |
| ② 草原上建起了万座油灯 |
| 内蒙古民歌　唐叶扫编词 |
| ③ 人民公社好 |
| 鄂尔多斯民歌　乌审旗乌兰牧骑　那西吉日格勒词、曲 |
| ④ 学大寨 |
| 鄂尔多斯新民歌　哈萨华力格编词 |
| 表演者：水队女队员 |
| 小 演 唱：扭 麻 |
| 词、曲：东乌珠穆沁乌兰牧骑　波·郝古尔　桑 杰 |
| 表演者：道日吉、乌达巴拉、独日吉玛 |
| 舞　蹈：为祖国献珠 |
| 作　者：阿拉善左旗乌兰牧骑集体 |
| 表演者：独日吉玛、刘桂琴、宋正玉、乌云 |

| 小 演 唱：牧民爱读毛主席的书 |
| 作　者：齐仁各日布　作 曲：娜尔登格 |
| 表演者：占布拉、乌达巴拉、独日吉玛 |
| 舞　蹈：牧马英雄 |
| 作　者：内蒙古自治区群众业余艺术代表团集体 |
| 表演者：郝古尔、玛　西等 |
| 顶 碗 集： |
| 作　者：翁牛特旗乌兰牧骑　宋正玉等 |
| 表演者：宋正玉 |
| 民乐齐奏：① 草原晨曲 |
| 连 福曲 |
| ② 社员都是向阳花 |
| 王玉西曲 |
| ③ 春到草原 |
| 演奏者：玛　西、郝永顺、郝古尔、宋正玉、王正义等 |
| 马头琴独奏：① 蝶恋花 |
| 劲 夫曲 |
| ② 劳动模范娜娜布其玛 |
| 内蒙古民歌 |
| ③ 洪湖水浪打浪 |
| 演奏者：郝古尔 |
| 舞　蹈：蔑谱之夜 |
| 编　剧：邱·达林太 |
| 表演者：宋正玉、刘桂琴、独日吉玛 |
| 女声独唱：① 党的教育好 |
| 杭锦旗乌兰牧骑达力嘟词　刘国庆曲 |
| ② 红旗一代传一代 |
| 鄂尔多斯民歌　郝 存编词 |
| ③ 歌唱鲜解区 |
| ④ 在北京的金山上 |
| 藏族民歌 |
| ⑤ 总路线好比北极星 |
| 内蒙古新民歌 |
| ⑥ 今年羊牛闹春耕 |
| ⑦ 礼 物 |
| 鄂尔多斯新民歌 |
| 演唱者：杨玉兰 |
| 安　代：歌唱三面红旗 |
| 创作者：水队集体 |
| 表演者：水队全体 |
| （每场演出其中部分节目） |

内蒙古自治区乌兰牧骑巡回演出队节目单内页　1965 年　济南

91

内蒙古自治区乌兰牧骑巡回演出队节目单 1965 年 上海

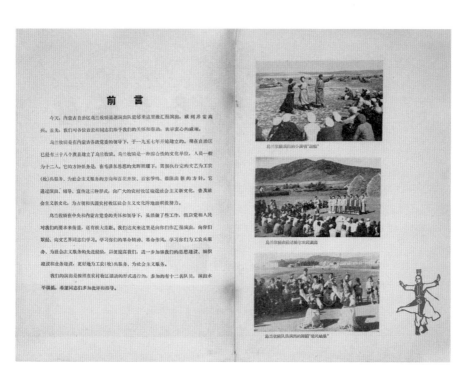

前 言

今天，内蒙古自治区乌兰牧骑巡回演出队能够来这里做汇报演出，感到并非常高兴。首先，我们对各位首长和同志们给予我们的关怀和帮助，表示衷心的感谢。

乌兰牧骑是在内蒙古各旗县党委的领导下，于一九五七年开始建立的。现在自治区已经有三十八个旗县建立了乌兰牧骑。乌兰牧骑是一种综合性的文化单位，人员一般为十二人。它的方针任务是，在毛泽东思想的光辉照耀下，贯彻执行党的文艺为工农（牧）兵服务，为社会主义的方向和百花齐放、百家争鸣、推陈出新的方针，它通过演出、辅导、宣传这三种形式，向广大的农村牧区输送社会主义新文化，普及社会主义新文化，为占领和巩固农村牧区这社会主义文化阵地而积极努力。

乌兰牧骑在中央和内蒙古党委的关怀和领导下，虽然做了些工作，但只党和人民对我们的要求来衡量，还有很大差距。我们这次来这里是向你们作汇报演出，向你们联系、向文艺界同志们学习。学习你们的革命精神、革命作风，学习你们为工农兵服务，为社会主义服务的先进经验，以便提高我们，进一步加强我们的思想建设、组织建设和作风建设，更好地为工农（牧）兵服务，为社会主义服务。

我们的演出是按照在农村牧区活动的形式进行的，参加的有十二名队员，演出水平很低，希望同志们多加批评和指导。

乌兰牧骑演出的小演唱"颂帕"

乌兰牧骑队员为巡骑尔朱民演出

乌兰牧骑队员演出的词舞"银川牧姑"

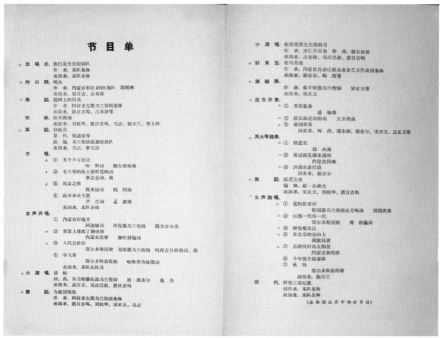

节 目 单

- □ 出 场 式：我们是文化轻骑队
    作 者：本队集体
    表演者：本队全体
- □ 对 口 词：哨兵
    作 者：内蒙古军区 4928 部队 郭明林
    表演者：道日吉、古布棱
- □ 舞 蹈：龙桥上的民兵
    作 者：阿拉善左旗乌兰牧骑集体
    表演者：数日吉玛、古布棱等
- □ 快 板：改天换地
    表演者：刘桂琴、数日吉玛、乌云、杨玉兰、李玉玲
- □ 好来宝：保追英雄
    原 作：保迪崇等
    改 编：乌兰牧骑巡回演出队
    表演者：乌云、李玉玲
- □ 齐 唱：① 五个不可忘记
        斯词　额尔登格曲
    ② 毛主席的战士最听党的话
        李之金词、曲
    ③ 风雷之歌
        程光说词　晓　河曲
    ④ 高举革命大旗
        芦 芒词　孟 波曲
        表演者：本队全体
- □ 女声齐唱：内蒙古好地方
    阿伦娅词　库伦旗乌兰牧骑　图力古尔曲
    ② 草原上盖起了钢铁城
        内蒙古民歌　唐时封编词
    ③ 人民公社好
        鄂尔多斯民歌　乌布庆乌兰牧骑　鸣西古格勒词、曲
    ④ 学大寨
        鄂尔多斯新民歌　哈斯华力格图词
        表演者：本队全体
- □ 小演唱：颂帕
    词、曲，东乌珠穆沁旗乌兰牧骑　波·郡古尔　桑 杰
- □ 舞 蹈：为国锻炼
    表演者：阿拉善左旗乌兰牧骑集体
    表演者：数日吉玛、刘桂琴、宋正玉、乌云

- □ 小演唱：牧民爱读毛主席的书
    作 者，齐仁多日志 作 曲，额尔登格
- □ 好来宝：牧马英雄
    表演者，内蒙古自治区群众业余艺术代表团集体
    表演者：郡古尔、玛　西等
- □ 顶碗舞：作 者，内蒙古乌兰牧骑　宋正玉等
    表演者，宋正玉
- □ 民乐齐奏：① 草原晨曲
        通 编曲
    ② 牡丹开是向阳花　王玉西曲
    ③ 春到草原
        演奏者，玛 西、郡永朝、郡古尔、宋正玉、王正义等
- □ 马头琴独奏：① 蝶恋花
        劫 夫曲
    ② 劳动模范娜布其玛
        内蒙古民歌
    ③ 洪湖水浪打浪
        演奏者，郡古尔
- □ 舞 蹈：巡逻之夜
    编、舞·达林太
    表演者，宋正玉、刘桂琴、数日吉玛
- □ 女声独唱：① 党的教育好
        海拉尔旗乌兰牧骑达力玛玛　刘国庆曲
    ② 红旗一代传一代
        鄂尔多斯民歌　郡 春编词
    ③ 歌唱解放区
    ④ 在北京的金山上
        藏族民歌
    ⑤ 总路线好比太阳昌
        内蒙古新民歌
    ⑥ 今年镇牛测春耕
    ⑦ 礼 物
        鄂尔多斯新民歌
        演唱者，杨玉兰
- □ 吴 代：歌唱三面红旗
        创作者，本队集体
        表演者，本队全体
        （每场演出其中部分节目）

内蒙古自治区乌兰牧骑巡回演出队节目单内页　1965 年　上海

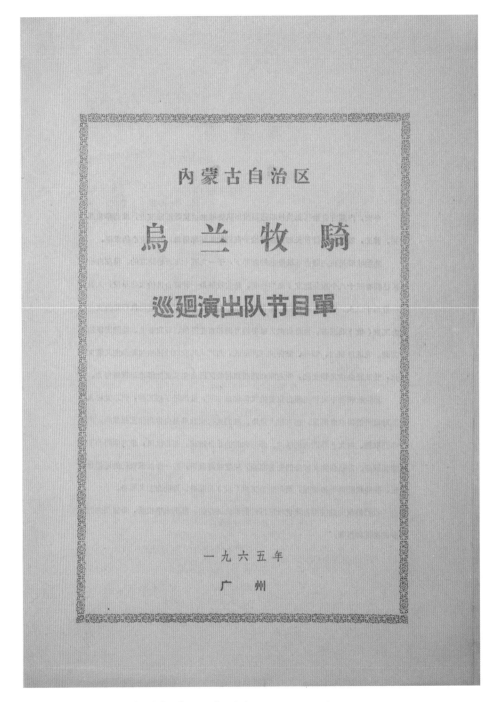

内蒙古自治区

乌 兰 牧 骑

巡廻演出队节目單

一 九 六 五 年

广 州

内蒙古自治区乌兰牧骑巡回演出队节目单　1965 年　广州

前　言

今天，內蒙古自治区烏兰牧騎巡迴演出队能够来这里做汇报演出，感到非常高兴。首先，我們对各位首长和同志們給予我們的关怀和帮助，表示衷心的感謝。

烏兰牧騎是在內蒙古各級党委的領导下，于一九五七年开始建立的。現在自治区已經有三十八个旗县建立了烏兰牧騎。烏兰牧騎是一种綜合性的文化单位，人員一般为十二人。它的方針任务，是在毛泽东思想的光輝照耀下，貫彻执行党的文艺为工农（牧）兵服务、为社会主义服务的方向和百花齐放、百家爭鳴、推陈出新的方針。它通过演出、輔导、宣传这三种形式，向广大的农村牧区輸送社会主义新文化，普及社会主义新文化，为占領和巩固农村牧区社会主义文化陣地而积极努力。

烏兰牧騎在中央和內蒙古党委的关怀和領导下，虽然做了些工作，但以党和人民对我們的要求来衡量，还有很大差距。我們这次来这里是向你們作汇报演出，向你們取經、向文艺界同志們學习。学习你們的革命精神，革命作风，学习你們为工农兵服务、为社会主义服务的先进經驗，以便提高我們，进一步加强我們的思想建設、組織建設和业务建設，更好地为工农（牧）兵服务、为社会主义服务。

我們的演出是按照在农村牧区活动的形式进行的，演出水平很低，希望同志們多加批評和指导。

节　目　单

一、出場式
作　者：烏兰牧騎巡迴演出队集体
表演者：本队全体

二、小演唱：团　結
作　詞：孜·都古尔
編　曲：桑　杰
表演者：拉西、海棠、登梅

三、舞　蹈：为祖国鍛炼
編　舞：阿拉善左旗烏兰牧騎集体
編　曲：普日布
表演者：旭日等四人

四、对口詞：哨　兵
作　者：內蒙军区4928部队图雅林
表演者：烏囊齐、于千

五、革命歌曲齐唱：
1.毛主席的战士最听党的話
李之金　詞、曲
2.五个不可忘記
哈斯　詞　额尔登格曲
3.寄越南战友
战士　杨振勇　詞、赵　夫曲
表演者：本队全体

六、舞　蹈：草原民兵
編　舞：哈斯　編　曲：额尔登格
表演者：嘎达、宋德等六人

七、馬头琴独奏：
（1）蝶恋花
赵　夫曲
（2）劳动模范邵布共玛
內蒙古民歌，额尔登格編詞
表演者：达日瑪

八、小演唱：牧民爱讀毛主席的书
原　作：錫盟文工团　改　編：烏兰牧騎巡迴演出队
表演者：嘎　达、登　梅、杜　兰

九、說唱快板：馬鞍子人改天换地
原　作：白果香
改　編：海　舟
表演者：海棠等四人

十、女声齐唱：
（1）內蒙古好地方
阿迫尔哥　图力古尔曲
（2）草原上建起了鋼鉄城
內蒙古新民歌　唐叶封編詞
（3）人民公社好
鄂尔多斯民歌　瑪西吉日格勒編詞曲
演唱者：全体女队員

十一、民乐合奏：
（1）鄂伦春人民好生活
丁丁曲
（2）草原晨曲
瑪拉沁夫詞　通　福曲
（3）春到草原
表演者：本队全体

十二、好来宝：牧馬英雄
作　者：內蒙古自治区群众业余艺术代表团集体
表演者：拉西、桑布等四人

十三、頂碗舞：
編　舞：宋正玉等
表演者：旭　日

十四、小合奏：
（1）公社的枣红馬
鄂尔多斯新民歌
（2）大海航行靠舵手
郁　文　詞　王双印　曲
表演者：王玉英、旭日、海　棠

十五、舞蹈：巡邏之夜
編　舞：祁·达林太
表演者：旭　日、王玉英

十六、女声独唱：
（1）內蒙古好
李　欣詞、通　福曲
（2）紅旗一代传一代
鄂尔多斯民歌　那存編詞
（3）众手浇开幸福花
孔祥雨詞、唐　訶曲
（4）我唱山区
超　鲁詞　图力古尔曲
表演者：杜　兰

十七、安代：民族团結贊
編　詞：拉　西
編　舞：烏兰牧騎巡迴演出队集体
表演者：本队全体

内蒙古自治区乌兰牧骑巡回演出队节目单内页 1965 年 广州

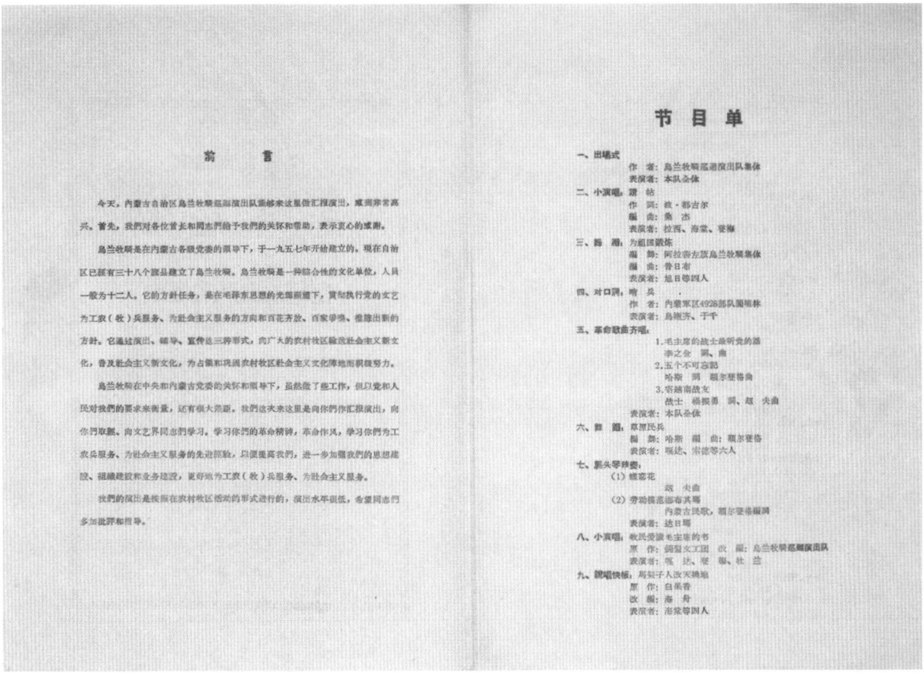

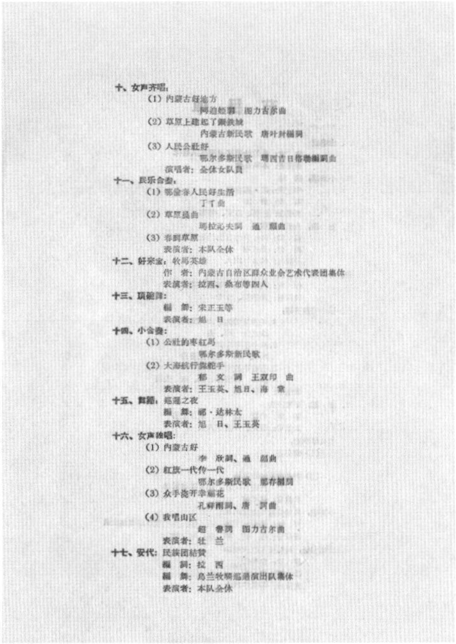

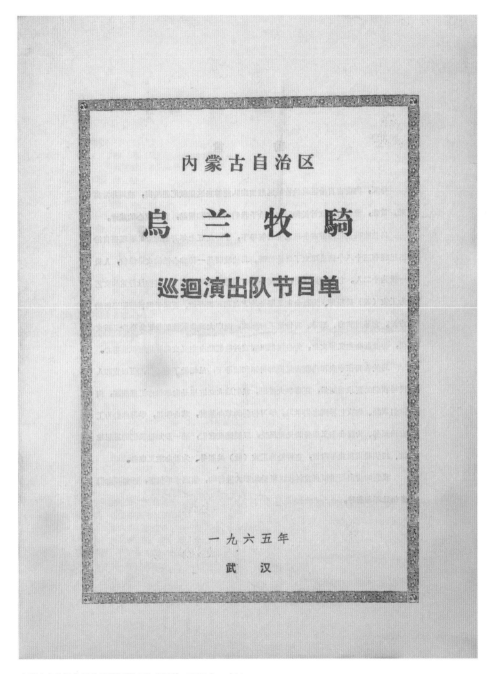

内蒙古自治区

乌 兰 牧 骑

巡迴演出队节目单

一九六五年

武 汉

内蒙古自治区乌兰牧骑巡回演出队节目单　1965 年　武汉

前　言

今天，内蒙古自治区乌兰牧骑巡回演出队能够来这里做汇报演出，感到非常高兴。首先，我们对各级首长和观众们给予我们的关怀和帮助，表示衷心的感谢。

乌兰牧骑是在内蒙古各级党委的领导下，于一九五七年开始建立的。现在自治区已经有三十八个旗县建立了乌兰牧骑。乌兰牧骑是一种综合性的文化单位，人员一般为十二人。它的方针任务，是在毛泽东思想的光辉照耀下，贯彻执行党的文艺为工农（牧）兵服务，为社会主义服务的方向和百花齐放，百家争鸣，推陈出新的方针。它通过演出，辅导，宣传三种形式，向广大的农村牧区输送社会主义新文化，普及社会主义新文化，为巩固和扩展农村牧区社会主义文化阵地而积极努力。

乌兰牧骑在中央和内蒙古党委的关怀和领导下，虽然做了些工作，但离党和人民对我们的要求来衡量，还有很大差距。我们这次来这里是向同志们作汇报演出，向你们联欢，向文艺界同志们学习。学习你们的革命精神，革命作风，学习你们为工农兵服务，为社会主义服务的先进经验，以提高我们，进一步为工农（牧）兵服务，更好地为工农（牧）兵服务，为社会主义服务。

我们的演出是按照在农村牧区活动的形式进行的，演出水平很低，希望同志们多加批评和指导。

节　目　单

一、出场式
作　者：乌兰牧骑巡回演出队集体
表演者：本队全体

二、小演唱：哨帖
作　词：萩·菊古尔
编　曲：乌杰
表演者：拉西、衡荣、壁梅

三、舞　蹈：为祖国锻炼
编　舞：阿拉善左旗乌兰牧骑集体
编　曲：昔日
表演者：昔日等四人

四、对口词：哈达
作　者：内蒙军区4928部队照朋林
表演者：乌勒齐、于千

五、革命歌曲齐唱
1．毛主席的战士最听党的话
李之金　词，曲
2．五个不可忘记
哈屏　河　铜尔泰格曲
3．誓远清英友
独　士　陈振男　词，赵　夫曲
表演者：本队全体

六、舞蹈：草原托儿
编　舞：哈斯　编曲：铜尔泰格
表演者：喔达、索德等六人

七、马头琴独奏
（1）蝴蝶菲
　　赵　夫曲
（2）劳动模范郡布其玛
内蒙古民歌，铜尔泰格编词
表演者：达日玛

八、小演唱：牧民坚决走主席路
原　作：锡盟文工团　改：乌兰牧骑巡回演出队
表演者：喔达、壁梅、牡兰

九、说唱快板：马驹子人改天换地
原　作：白果香
改　编：海舟
表演者：海棠等四人

内蒙古自治区乌兰牧骑巡回演出队节目单内页　1965 年　武汉

97

内蒙古自治区乌兰牧骑巡回演出队节目单　1965 年　昆明

前　言

今天，内蒙古自治区乌兰骑牧巡回演出队能够来这里作汇报演出，感到非常高兴。

首先，我们对各位首长和同志们给予我们的关怀和帮助，表示衷心的感谢。

乌兰牧骑是在内蒙古各级党委的领导下，于一九五七年开始建立的。现在自治区已经有三十八个旗县建立了乌兰牧骑。乌兰牧骑是一种综合性的文化单位，人员一般为十二人。它的方针任务，是在毛泽东思想的光辉照耀下，贯彻执行党的文艺为工农（牧）兵服务，为社会主义服务的方向和百花齐放、百家争鸣，推陈出新的方针，它通过演出、辅导、宣传三种形式，向广大的农村牧区输送社会主义新文化，普及社会主义新文化，为占领和巩固农村牧区社会主义文化阵地而积极努力。

乌兰牧骑在中央和内蒙古党委的关怀和领导下，虽然做了些工作，但比党和人民对我们的要求来衡量，还有很大差距。我们这次来这里是向兄弟们作汇报演出，向兄弟们取经，向文艺界同志们学习。学习你们的革命精神，革命化作风，学习你们为工农兵服务、为社会主义服务的先进经验，以便提高我们，进一步加强我们的思想建设，组织建设和业务建设，更好地为工农（牧）兵服务，为社会主义服务。

我们的演出是按照在农村牧区活动的形式进行的，演出水平很低，切望同志们多多批评和指导。

节　目　单

一、出 场 式　　作　者：乌兰牧骑巡回演出队集体
　　　　　　　　　　表演者：本队全体

二、小 演 唱　　清 姑
　　　　　　　　　作　词：阿・波・邵古尔
　　　　　　　　　编曲：桑 杰
　　　　　　　　　表演者：拉 西海 棠、登 梅

三、舞　　蹈　　为祖国戍边
　　　　　　　　　编　舞：阿拉普古旗乌兰牧骑集体
　　　　　　　　　编曲：昔日布
　　　　　　　　　表演者：旭 日等四人

四、马头琴独奏　（1）蝴蝶花　　敖 夫曲
　　　　　　　　　（2）劳动模范娜布其玛　内蒙古民歌、昭尔登慈编词
　　　　　　　　　表演者：达力扎

五、女声齐唱　（1）内蒙古好姑娘　阿迪雅词　图力古尔曲
　　　　　　　　　（2）草原上建起了钢铁城　内蒙古民歌　唐叶叶编词
　　　　　　　　　（3）人民公社好　鄂尔多斯民歌　玛西吉日格勒编词曲
　　　　　　　　　演唱者：全队女队员

六、民乐合奏　（1）鄂伦春人民好生活　于 千曲
　　　　　　　　　（2）草原景曲　玛拉钦夫词　道 福曲
　　　　　　　　　（3）春到草原
　　　　　　　　　表演者：本队全体

七、小 演 唱　　牧民爱戴毛主席的书
　　　　　　　　　原　作：绥盟文工团　改 编：乌兰牧骑巡回演出队
　　　　　　　　　表演者：嘎 达、登 梅、牡 兰

八、好 赖 宝　　马架子人在关系换班
　　　　　　　　　原　作：白莫香
　　　　　　　　　改 编：海 舟
　　　　　　　　　表演者：海棠等四人

九、口 词 唱 兵
　　　　　　　　　作　者：内蒙军区4928部队阿荣钦林
　　　　　　　　　表演者：恩凯齐、于 千

十、革命歌曲齐唱
　　　1.毛主席的战士最听党的话
　　　　　　　　李之金词曲
　　　2.五个不可忘记
　　　　　　　　哈 斯词　顺尔登慈曲
　　　3.军港海边灭
　　　　　　　　战士　杨喜资词　绍 夫曲
　　　　　　　　表演者：本队全体

十一、舞　　蹈　　草原民兵
　　　　　　　　　编 舞：哈 斯 编曲：顺尔登慈
　　　　　　　　　表演者：嘎 达、琴 娜等六人

十二、好 来 宝　　牧场英雄
　　　　　　　　　作　者：内蒙古自治区群众业余艺术代表团集体
　　　　　　　　　表演者：拉 西、桑 布等四人

十三、顶 碗 舞　　编 舞：宋正玉等
　　　　　　　　　表演者：旭 日

十四、小 合 奏　（1）公社的喜红马
　　　　　　　　　　　　鄂尔多斯新民歌
　　　　　　　　　（2）大海航行靠舵手
　　　　　　　　　　　　郁 文词　王双印曲
　　　　　　　　　表演者：王玉英、旭 日、海 棠、牡 兰

十五、舞　　蹈　　是谁之过
　　　　　　　　　编 舞：邵・达林太
　　　　　　　　　表演者：旭 日、索 娜

十六、女声独唱　（1）内蒙古好
　　　　　　　　　　　　李 秋词 道 福曲
　　　　　　　　　（2）红旗一代传一代
　　　　　　　　　　　　鄂尔多斯民歌 那存编词
　　　　　　　　　（3）草原的主人
　　　　　　　　　　　　达・桑布词曲
　　　　　　　　　（4）黄明山区
　　　　　　　　　　　　赵 鲁词 图力古尔曲
　　　　　　　　　表演者：牡 兰

十七、安　　代　　民族团结赞
　　　　　　　　　编　舞：拉 西
　　　　　　　　　编曲：乌兰牧骑巡回演出队集体
　　　　　　　　　表演者：本队全体

内蒙古自治区乌兰牧骑巡回演出队节目单内页　1965 年　昆明

99

内蒙古自治区乌兰牧骑巡回演出队节目单 1965 年 四川

前　言

今天，内蒙古自治区乌兰牧骑巡回演出队能够来这里作汇报演出，感到非常高兴。

首先，我们向各位首长和同志们给予我们的关怀和帮助，表示衷心的感谢。

乌兰牧骑是在内蒙古各旗党委的领导下，于一九五七年开始建立的。现在自治区已经有三十八个旗县建立了乌兰牧骑。乌兰牧骑是一种综合性的文化单位，人员一般为十二人。它的方针任务，是在毛泽东思想的光辉照耀下，贯彻执行党的文艺为工农兵（牧）兵服务、为社会主义服务的方向和百花齐放、百家争鸣、推陈出新的方针。它通过演出、辅导、宣传这三种形式，向广大的农村牧区输送社会主义新文化，普及社会主义新文化，为巩固和发展农村牧区社会主义文化阵地而积极努力。

乌兰牧骑在中央和内蒙古党委的关怀和领导下，虽然做了些工作，但获得党和人民对我们的要求来衡量，还有很大差距。我们这次来这里是向你们作汇报演出，向你们学习取经，向文艺界同志们学习，学习你们的革命精神、革命作风，学习你们为工农兵服务、为社会主义服务的先进经验，进一步加强我们的思想建设、组织建设和业务建设，更好地为工农（牧）兵服务、为社会主义服务。

我们的演出是按照在农村牧区活动的形式进行的，演出水平很低，希望同志们多加批评和指导。

节　目　单

一、出 场 式　作　者：乌兰牧骑巡回演出队集体
　　　　　　　表演者：本队全体
二、小 演 唱　游牧
　　　　　作　词：波·郭尔尔
　　　　　编　曲：桑 杰
　　　　　表演者：拉 西、海 棠、登 梅
三、舞　蹈　劳动锻炼
　　　　　编　舞：阿拉善左旗乌兰牧骑集体
　　　　　编 曲：鲁 日布
　　　　　表演者：姐 日等四人
四、马头琴独奏　（1）蝶恋花
　　　　　　　　　　　　劳 夫曲
　　　　　　　（2）劳动模范娜布其玛
　　　　　　　　内蒙古民歌　额尔登林福词
　　　　　　　表演者：达力玛
五、女声齐唱　（1）内蒙古好牧区
　　　　　　　　　　　河通格词　图力古尔曲
　　　　　　　（2）草原上建起了钢铁城
　　　　　　　　内蒙古民歌　唐叶封编词
　　　　　　　（3）人民公社好
　　　　　　　鄂尔多斯民歌　葛西吉日场勒编词曲
　　　　　　　演唱者：全体女队员
六、民乐合奏　（1）鄂伦春人民新生活
　　　　　　　　　　　于 子曲
　　　　　　　（2）草原晨曲
　　　　　　　　　　　玛拉沁夫阿 滋 福曲
　　　　　　　（3）春到草原
　　　　　　　表演者：本队全体
七、小 演 唱　牧民爱读毛主席的书
　　　　　原　词：锡盟文工团　改 编：乌兰牧骑巡回演出队
　　　　　表演者：瑶 西、登 梅、杜 兰
八、说唱快板　马驹子人众天炼地
　　　　　原　编：白茉香布
　　　　　改　编：海 舟
　　　　　表演者：海棠等四人

九、对 口 词　哨 兵
　　　作　者：内蒙古军区4928部队阎明泰
　　　表演者：乌嫩齐、于 子
十、革命歌曲齐唱　（1）毛主席的战士最听党的话
　　　　　　　　　　李之全词曲
　　　　　　　　（2）五个不可忘记
　　　　　　　　　哈 斯词　额尔登格曲
　　　　　　　　（3）骑战迎战友
　　　　　　　战士 杨振男词 劳 夫曲
　　　　　　　表演者：本队全体
十一、舞　蹈　草原民兵
　　　　　编　舞：哈 斯 编曲：额尔登格
　　　　　表演者：瑶 达、塔 娜等六人

──休息十分钟──

十二、舞 来 宝　牧马英雄
　　　　　作　者：内蒙古自治区群众余艺术代表团集体
　　　　　表演者：拉 西、登 梅等四人
十三、项 碗 舞　编　舞：宋正玉等
　　　　　表演者：姐 日
十四、小 合 奏　（1）公社的枣红马
　　　　　　　　　鄂尔多斯新民歌
　　　　　　　（2）火海救行船蛇手
　　　　　　　　郭 文词　王双印曲
　　　　　　　表演者：王乐英、姐 日、海 棠、杜 兰
十五、女声独唱　（1）内蒙古好
　　　　　　　　　李 欣词 滋 福曲
　　　　　　　（2）红旗一代传一代
　　　　　　　鄂尔多斯民歌　耶布福词
　　　　　　　（3）草原的主人
　　　　　　　　达 桑布词曲
　　　　　　　（4）我唱山区
　　　　　　　　超 鲁词 图力古尔曲
　　　　　　　表演者：杜 兰
十六、舞　蹈　巡逻之夜
　　　　　编　舞：郑 达林太
　　　　　表演者：姐 日 索 德
十七、客　代　民族团结赞
　　　　　编　词：拉 西
　　　　　编　舞：乌兰牧骑巡回演出队集体
　　　　　表演者：本队全体

内蒙古自治区乌兰牧骑巡回演出队节目单内页　1965 年　四川

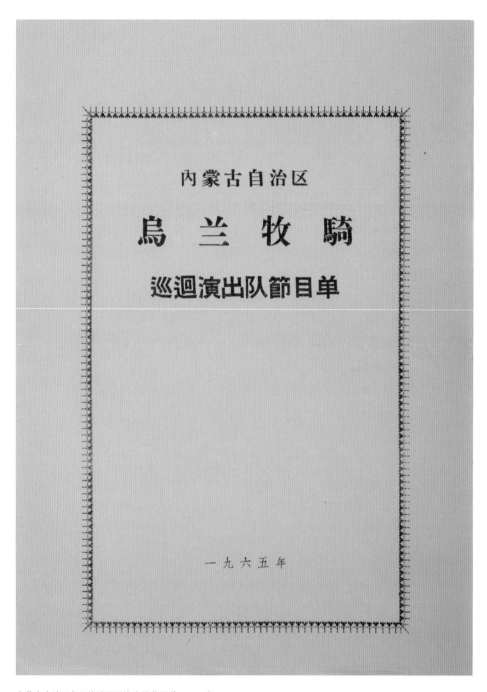

内蒙古自治区

乌 兰 牧 骑

巡迴演出队節目单

一九六五年

内蒙古自治区乌兰牧骑巡回演出队节目单　1965 年

前　言

今天，内蒙古自治区乌兰牧骑巡回演出队来到我县演出，这里非常高兴。首先，我们对各位首长和同志们给予我们的关怀和帮助，表示衷心的感谢。

乌兰牧骑是在内蒙古各级党委的领导下，于一九五七年开始建立的，现在自治区已组有三十八个旗县建立了乌兰牧骑。乌兰牧骑是一种综合性的文化单位，人员一般为十二人。它的方针任务，是在毛泽东思想的光辉照耀下，贯彻执行党的文艺为工农（牧）兵服务，为社会主义服务的方向和百花齐放、百家争鸣、推陈出新的方针。它通过演出、辅导、宣传这三种形式，向广大的农村牧区传送社会主义文化，普及社会主义科学文化，为占领和巩固农村牧区社会主义文化阵地而积极努力。

乌兰牧骑在中央和内蒙古党委的关怀和领导下，虽然做了些工作，但口党和人民对我们的要求差距很大，还有很大差距。我们这次来这里是向你们汇报演出，向你们取经、向文艺界同志们学习，学习你们的革命精神、革命作风、学习你们图为工农兵服务，为社会主义服务的先进榜样，进一步和你们的思想建设、组织建设和业务建设，更好地为工农（牧）兵服务、为社会主义服务。

我们的演出是按照在农村牧区活动的形式进行的，演出水平低，希望同志们多加批评和指导。

节　目　单

一、出场式：我们是文化轻骑队
　　作　者：本队集体
　　表演者：本队全体

二、对口词：时代
　　作　者：...
　　表演者：波日古、古布杠

三、舞蹈：胯拳上的骑兵
　　作　者：阿拉善左旗乌兰牧骑集体
　　表演者：拉日吉玛、古布拉等

四、快板：学大寨
　　表演者：刘桂琴、敖日吉玛、乌云、格日兰

五、舞蹈：好前进
　　原　作：保加索音
　　改　编：乌兰牧骑巡回演出队
　　表演者：乌云

六、齐唱
　　① 五个不可忘记　哈斯词　纳尔苏杨洛曲
　　② 毛主席的战士最听党的话　李之全词、曲
　　③ 风雷颂　斯光武词　纳河曲
　　④ 高举革命大旗　蒙巴尼词　木波曲
　　表演者：本队全体

七、女声齐唱
　　① 内蒙古好地方　阿道勒词　康省旗乌兰牧骑　团力古尔曲
　　② 草原上遍地...　内蒙古民歌　赓叶封编词
　　③ 人民公社好　鄂尔多斯民歌　乌审旗乌兰牧骑　玛西曹日格黎词、曲
　　④ 学大寨　鄂尔多斯新民歌　哈斯保力格图词
　　表演者：本队女队员

八、小演唱：清格
　　词、曲：锡林郭勒盟乌兰牧骑　波·那吉尔　桑木
　　表演者：敖日吉玛、乌达巴拉、敖日吉玛

九、男声小合唱
　　① 一定要把祖国的红旗举得更高
　　② 打靶归来
　　表演者：本队男队员

十、舞蹈：为祖国站岗
　　作　者：阿拉善左旗乌兰牧骑集体
　　表演者：敖日吉玛、刘桂琴、宋正玉、乌云

休　息　十　分　钟

十一、好来宝：牧马英雄
　　作　者：内蒙古自治区革命业余艺术代表团集体
　　表演者：郑吉尔、玛　西等

十二、顶碗舞
　　作　者：青年特别队乌兰牧骑　宋正玉等
　　表演者：宋正玉

十三、民族齐奏
　　① 草原颂曲　述　福曲
　　② 社员都是向阳花　玉玉刚曲
　　③ 青春草原
　　演奏者：玛　西、郑布郑、郑吉尔、宋正玉等

十四、马头琴独奏
　　① 蝶翻花　趋　夫曲
　　② 草原牧歌范桑布其玛　内蒙古民歌
　　③ 流潭水澄打浪　内蒙古民歌
　　演奏者：郑吉尔

十五、舞蹈：远迂之舞
　　编　舞：郧·达林太
　　表演者：宋正玉、刘桂琴

十六、女声独唱
　　① 党的教育好　桃瑞旗乌兰牧骑达方词　刘国庆曲
　　② 红花一代传一代　鄂尔多斯民歌　那　春福词
　　③ 歌唱解放区
　　④ 在北京的金山上　藏族民歌
　　⑤ 总路线好比太阳星　内蒙古新民歌
　　⑥ 今年猪牛羊喜摘　鄂尔多斯新民歌
　　⑦ 乳物
　　演唱者：杨玉兰

十七、安　代：放唱三面红旗
　　创作者：本队集体
　　表演者：本队全体

内蒙古自治区乌兰牧骑巡回演出队节目单内页　1965 年

内蒙古自治区乌兰牧骑巡回演出队节目单　1965 年　吉林

前　言

今天，内蒙古自治区乌兰牧骑巡回演出队能够来这里作汇报演出，感到非常高兴。首先，我们对各位首长和同志们给予我们的关怀和尊敬，表示衷心的感谢。

乌兰牧骑是在内蒙古各级党委的领导下，于一九五七年开始建立的。现在自治区已经有三十八个演出队建立了乌兰牧骑。乌兰牧骑是一种综合性的文化革命队，人员一般为十二人。它的方针任务，是在毛泽东思想的光辉照耀下，贯彻执行党的文艺为工农（牧）兵服务，为社会主义服务的方向和百花齐放、百家争鸣、推陈出新的方针。它通过演出、辅导、宣传三种形式，向广大的农村牧区输送社会主义文化，普及社会主义新文化，为占领和巩固农村牧区社会主义文化阵地而积极努力。

乌兰牧骑在中央和内蒙古党委的关怀和领导下，原始发了些工作，但以党和人民时我们的要求来衡量，还有很大差距。我们这次来这是向你们作汇报演出，向你们取经、向文艺界同志们学习，学习你们的革命精神，革命意志，学习你们为工农兵服务，为社会主义服务的先进经验，以便提高我们，进一步充实我们的思想建设，组织建设和业务建设，更好地为工农（牧）兵服务，为社会主义服务。

我们的演出是按照在农村牧区巡回的形式进行的，演出水平很低，希望同志们多加批评和指导。

节　目　单

1. 出　场　式
　作　者　乌兰牧骑巡回演出队集体
　表演者　本队全体

2. 小　演　唱　请　补
　作　词　波·都古尔
　编　曲　桑　杰
　表演者　拉　西、海　棠、登　梅

3. 舞　蹈　为祖国锄珠
　编　舞　阿拉善左旗乌兰牧骑集体
　编　曲　道日布
　表演者　日等四人

4. 马头琴独奏
　（1）娜忠花　　　　　劲　夫曲
　（2）劳动模范娜布其玛
　　　内蒙古民歌　顺尔登格翻词
　表演者　忠力曙

5. 女声齐唱
　（1）内蒙古好地方
　　　阿迪福词　图力古尔曲
　（2）草原上连起了铜铁城
　　　内蒙古新民歌　唐叶时编词
　（3）人民公社好
　　　鄂尔多斯民歌　葛西吉日格勒编曲
　演唱者　全体女队员

6. 民乐合奏
　（1）草原春人民好生活
　　　　于　千曲
　（2）草原晨曲
　　　　明拉纪夫词　通　编曲
　（3）春到草原
　　　表演者　本队全体

7. 小　演　唱　牧民爱唱毛主席的书
　原　作　盟文工团　收　编　乌兰牧骑巡回演出队
　表演者　喂　达、登　梅、牡　兰

8. 数唱快板　马帮子人次天晴地
　原　作　白景香
　改　编　道　舟
　表演者　海棠等四人

9. 时　口　词　唱　兵
　作　者　内蒙古军区4928部队闻明林
　表演者　乌格齐、于　千

10. 革命歌曲齐唱
　（1）毛主席的战士最听党的话
　　　　李之金词曲
　（2）五个不可忘记
　　　　哈　斯词　顺尔登格曲
　（3）等越南战友
　　　　战士　褚振勇词　劲　夫曲
　表演者　本队全体

11. 舞　蹈　草原民兵
　编　舞　哈　则　编　曲　顺尔登格
　表演者　喂　达等六人

·休息十分钟·

12. 婚　奏　宴　牧马单曲
　作　者　内蒙古自治区群众业余艺术代表团集体
　表演者　拉　西、桑　布等四人

13. 顶　碗　舞
　编　舞　宋正玉等
　表演者　旭　日

14. 小　合　奏
　（1）公社的骏红马
　　　鄂尔多斯新民歌
　（2）大海航行靠舵手
　　　郁　文词　王双印曲
　表演者　王玉英、旭　日、海棠、牡　兰

15. 女声独唱
　（1）内蒙古好
　　　李　欣词　通　编曲
　（2）红旗一代传一代
　　　鄂尔多斯民歌　那　春福词
　（3）草原的主人
　　　达、桑布词曲
　（4）我唱山区
　　　褚鲁词　图力吉尔曲
　表演者　牡　兰

16. 舞　蹈　巡逻之夜
　编　舞　郝·达林太
　表演者　旭　日、荣　德

17. 窗　代　氏族团结警
　作　词　拉　西
　编　舞　乌兰牧骑巡回演出队集体
　表演者　本队全体

内蒙古自治区乌兰牧骑巡回演出队节目单内页　1965 年　吉林

105

内蒙古自治区
烏蘭牧騎巡囘演出队

节 目 单

一九六六年四月

阜　　新

内蒙古自治区乌兰牧骑巡回演出队节目单　1966 年 4 月　阜新

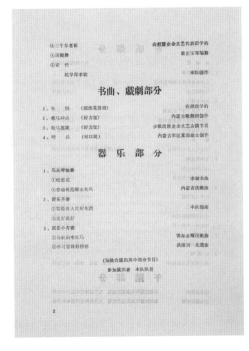

内蒙古自治区乌兰牧骑巡回演出队节目单内页　1966年4月　阜新

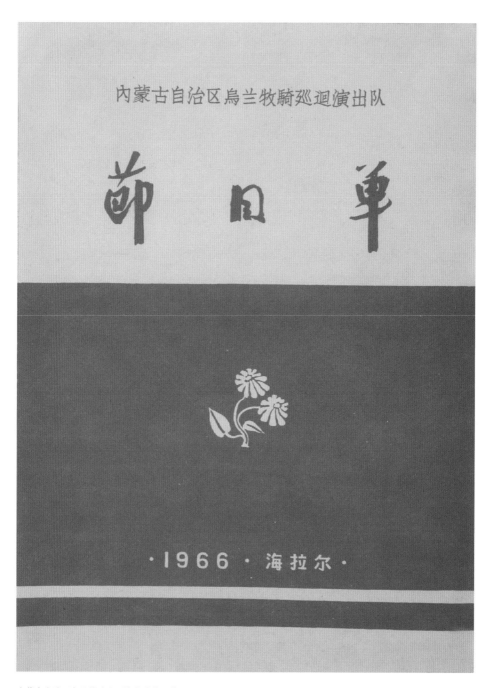

内蒙古自治区乌兰牧骑巡回演出队节目单　1966 年　海拉尔

前　言

　　近光，乌兰牧骑巡回演出队来我区汇报演出，受到党政领导和群众的热烈欢迎，各对文艺工作者的热情鼓励，使我们十分激动。

　　今年六月，中央文化部选调我们到全国巡回演出，向各兄弟省市自治区工农兵群众和红专党工作者学习，交流为工农兵服务，为社会主义服务的经验。半年时间，我们边宣边学边演，从大事到大事，从井冈山到延安，从河西到河东到江南，以强烈的政治热情，把内蒙古各族人民对党和毛主席的无限热爱带到了全国各地，把自治区工农兵群众为巩固国防各兄弟民族的深厚情谊带给了广大群众。同时，全国人民从毛主席的革命队伍，祖国社会主义革命和社会主义建设的伟大胜利，工农兵群众自力更生，奋发图强，积极备战的革命精神，给我们上了一堂极深刻生动的毛泽东思想教育课。使我们找到了许多差距，更加坚定我们向兵向工学习，进一步为社会主义服务，更好把工作做实，为社会主义，为中国和世界革命服务一辈子。

　　今天的演出，有我们在全国巡回演出期间向各专业和业余文艺工作者学习的节目，有剧场的节目和巡回教育节目的一部分。由于我们水平低，演出完条好这些节目，请领导和同志们多加批评指导，帮助我们继续提高。

内蒙古自治区乌兰牧骑巡回演出队节目单内页　1966 年　海拉尔

内蒙古自治区

直属乌兰牧骑第一队

演出节目单

一九六六年七月

北 京

内蒙古自治区直属乌兰牧骑第一队演出节目单 1966 年 7 月　北京

前　言

乌兰牧骑是在毛泽东思想和党的民族政策光辉照耀下成长起来的一支无产阶级文化尖兵。从一九五七年内蒙古党委决定试办乌兰牧骑，自治区已有六十七个旗县建立了这种红色文化工作队。

乌兰牧骑是一种综合性的流动文化队伍。一般由十二人组成，队员绝大多数是贫苦农牧民的子女。乌兰牧骑的方针任务是，坚决地执行为工农兵服务的方向和文艺与工农兵相结合的道路，通过演出、辅导、宣传、编创、创作，为广大农村牧区输送社会主义新文化，普及社会主义新文化，为占领和巩固农村牧区无产阶级思想文化阵地积极服务。

在内蒙古各级党委的教导下，乌兰牧骑把毛泽东思想当作自己一切行动的最高指示，凡是符合毛泽东思想的，紧紧执行，凡是违背毛泽东思想的，坚决反对。他们最需求地贯彻了红军八路军宣传队那样革命传统，队伍短小精悍，人员一专多能，长期坚持深入农村牧区，为农牧民"雪中送炭"，把党和毛主席对劳动农牧民的关怀，把社会主义新文化念给了广大农牧民群众。他们热情歌颂毛泽东思想，及时宣传党的各项关怀，他们坚持向一切牛鬼蛇神、向资本主义密封建文化展开斗争，向旧社会造反。他们敢于蔑视资产阶级"权威"，敢于大破资产阶级的旧。他们在坚持学习毛主席著作、坚持与农牧民结合的实际斗争中成长壮大，成为敏色宣传队，成为劳动的新型文化工作者，成为自治区社会主义文化革命的尖兵之一，成为文化战线上一面鲜艳的革命红旗。

乌兰牧骑是用毛泽东思想武装起来的生命。在当前和今后比较复杂的斗争中，乌兰牧骑将永远高举毛泽东思想的伟大红旗，坚决向一切党反社会主义的黑线进行战斗，把无产阶级文化大革命进行到底，永远做毛泽东思想的红色宣传员，永远为工农兵服务，为无产阶级政治服务，为社会主义经济基础服务。

这次，内蒙古自治区直属乌兰牧骑第一队来到祖国首都北京，为迎接作家紧急会编演出；同时，旅途为首都观众公演。他们演出水平还很，节目色不成熟，希望同志们多加批评指导。

内蒙古自治区文化局

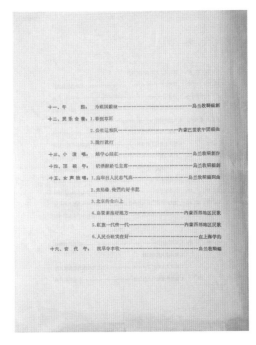

内蒙古自治区直属乌兰牧骑第一队演出节目单内页　1966 年 7 月　北京

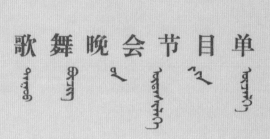

歌 舞 晚 会 节 目 单

内蒙古自治区乌兰牧骑演出

1 9 7 3 · 1 0

内蒙古自治区乌兰牧骑演出歌舞晚会节目单　1973 年 10 月

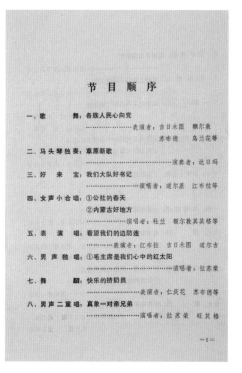

节 目 顺 序

一、歌　　舞：各族人民心向党

　　　　……表演者：吉日木图　颜尔敦
　　　　　　　　　　苏布德　乌兰花等

二、马头琴独奏：草原新歌

　　　　……演奏者：达日玛

三、好 来 宝：我们大队好书记

　　　　……演唱者：道尔基　江布拉等

四、女声小合唱：①公社的春天
　　　　　　　　②内蒙古好地方

　　　　……演唱者：牡兰　颜尔敦其其格等

五、表 演 唱：看望我们的边防连

　　　　……表演者：江布拉　吉日木图　道尔吉

六、男 声 独 唱：①毛主席是我们心中的红太阳

　　　　……演唱者：拉苏荣

七、舞　　蹈：快乐的挤奶员

　　　　……表演者：仁庆花　苏布德等

八、男声二重唱：真象一对亲兄弟

　　　　……演唱者：拉苏荣　旺其格

—1—

九、笛 子 独 奏：扬鞭催马运粮忙

　　　　……演奏者：赛音乌力吉

十、男 声 独 唱：草原上升起不落的太阳

　　　　……演唱者：江布拉

十一、舞　　蹈：草原红卫兵见到了毛主席

　　　　……表演者：吉日木图　江布拉
　　　　　　　　　乌兰花　吟　顺等

十二、三 弦 独 奏：①革命现代舞剧《白毛女》选曲
　　　　　　　　　②革命现代舞剧《红色娘子军》选曲

　　　　……演奏者：乌日古木拉

十三、男声小合唱：①公社放驼员
　　　　　　　　　②送芦苇

　　　　……演唱者：江布拉　旺其格等

十四、木 琴 独 奏：①送公粮

　　　　……演奏者：图力古尔

十五、舞　　蹈：草原欢乐

　　　　……表演者：道尔吉　颜尔敦　仁庆花
　　　　　　　　　颜尔敦其其格等

十六、女 声 独 唱：①毛主席，草原人民热爱您
　　　　　　　　　②牧民歌唱党

　　　　……演唱者：牡兰

十七、歌　　舞：丰收硕果献给毛主席

　　　　……表演者：吉日木图　道尔吉
　　　　　　　　　张怀霞　宝日玛等

—2—

内蒙古自治区乌兰牧骑演出歌舞晚会节目单内页　　1973 年 10 月

113

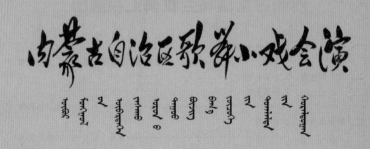

节目单

1973.10 呼和浩特

内蒙古自治区革命委员会文化局 主办

内蒙古自治区歌舞小戏会演节目单 1973 年 10 月 呼和浩特

内蒙古直属乌兰牧骑汇报演出

一、歌　　舞：各族人民心向党
　　　　　　　　　　　表演　吉日木图、额尔敦、苏布德、乌兰花等
二、马头琴独奏：1.欢乐的牧人
　　　　　　　　2.草原新牧
　　　　　　　　　　　演奏　达日玛
三、男声小合唱：草原雄鹰
　　　　　　　　　　　演唱　旺其格、巴德荣贵等
　　　　　　　　　　　手风琴伴奏　吐力古尔
四、舞　　蹈：欢乐的挤奶员
　　　　　　　　　　　表演　苏布德、仁庆花等
五、男声二重唱：其古一对亲兄弟
　　　　　　　　　　　演唱　拉苏荣、旺其格
六、表　演　唱：喜贸我订努边疆
　　　　　　　　　　　表演　道尔基、江布拉、吉日木图
七、男声独唱：毛主席是我们心中的红太阳
　　　　　　　　　　　演唱　拉苏荣
八、舞　　蹈：誓过幸海行
　　　　　　　　　　　表演　道尔基、额尔敦等
九、三弦独奏：1.鄂尔多斯新歌
　　　　　　　　2.连相调
　　　　　　　　　　　演奏　乌日古木拉
十、好　来　宝：我们大队好书记
　　　　　　　　　　　表演　吐力古尔、江布拉等
十一、木琴独奏：运公粮
　　　　　　　　　　　演奏　吐力古尔
十二、舞　　蹈：欢乐的草原
　　　　　　　　　　　表演　额尔敦其其格、哈顺等
十三、女声独唱：1.心中的牧儿向着北京唱
　　　　　　　　　2.牧民歌唱党
　　　　　　　　　　　演唱　牧兰
十四、歌　　舞：丰收喜报献给毛主席
　　　　　　　　　　　表演　吉日木图、道尔基、张怀霞、宝日玛等

内蒙古自治区歌舞小戏会演节目单内页　1973年10月　呼和浩特

115

内蒙古自治区歌舞小戏会演

节 目 单

1973·10 呼和浩特

内蒙古自治区革命委员会文化局主办

内蒙古自治区歌舞小戏会演节目单 1973 年 10 月 呼和浩特

鄂托克旗乌兰牧骑汇报演出

一、歌　　舞：沿着十大路线胜利前进
　　　　　　……………………表演　吴宁川、李　瑛等

二、女声齐唱：1大寨红花草原开
　　　　　　　2、公社放牧员
　　　　　　……………………演唱　斯　琴、高　娃等

三、舞　　蹈：剪鬃场上
　　　　　　……………………表演　章　泸、达　赖等

四、好来宝大鼓：女　哨　兵
　　　　　　……………………表演　斯　琴、东　风等

五、女声独唱：1、党的恩情唱不完
　　　　　　　2、赞歌献给毛主席
　　　　　　……………………演唱　　　　　　龙　蒙
　　　　　　　　　　　　　伴奏　　　　　　金基德等

六、表演唱：同　心　曲
　　　　　　……………………表演　吴宁川、东风、李瑛等

七、舞　　蹈：草原新一代
　　　　　　……………………表演　朝洛蒙　莎仁

—1—

八、四胡三弦齐奏：富饶的鄂尔多斯
　　　　　　……………………演奏　东风　斯琴

九、歌　　舞：送绒路上
　　　　　　……………………表演　张泸　张嘎等

十、女声二重唱：1、歌唱十大，歌唱党
　　　　　　　　2、草原盛开大寨花
　　　　　　……………………演唱　莎仁　高娃

十一、民乐齐奏：草原新歌
　　　　　　……………………演奏　罗晚龙等

十二、舞　　蹈：迎亲人
　　　　　　……………………表演　魏林花　张嘎等

十三、马头琴独奏：草原连着北京
　　　　　　……………………演奏　孟光
　　　　　　　　　　　　伴奏　李瑛

十四、舞　　蹈：公社接羔员
　　　　　　……………………表演　魏林花　东风等

十五、女声独唱：1、各族人民跟着党
　　　　　　　　2、毛主席就在咱身边
　　　　　　……………………演唱　斯　琴
　　　　　　　　　　　　伴奏　金基德等

十六、舞　　蹈：奶酒献给毛主席
　　　　　　……………………表演　张嘎　宝力高　达赖等

—2—

内蒙古自治区歌舞小戏会演节目单内页　1973年10月　呼和浩特

117

参加华北地区文艺调演节目

歌 舞

节 目 单

内蒙古自治区直属乌兰牧骑演出

一九七四年

参加华北地区文艺调演节目歌舞节目单 1974 年

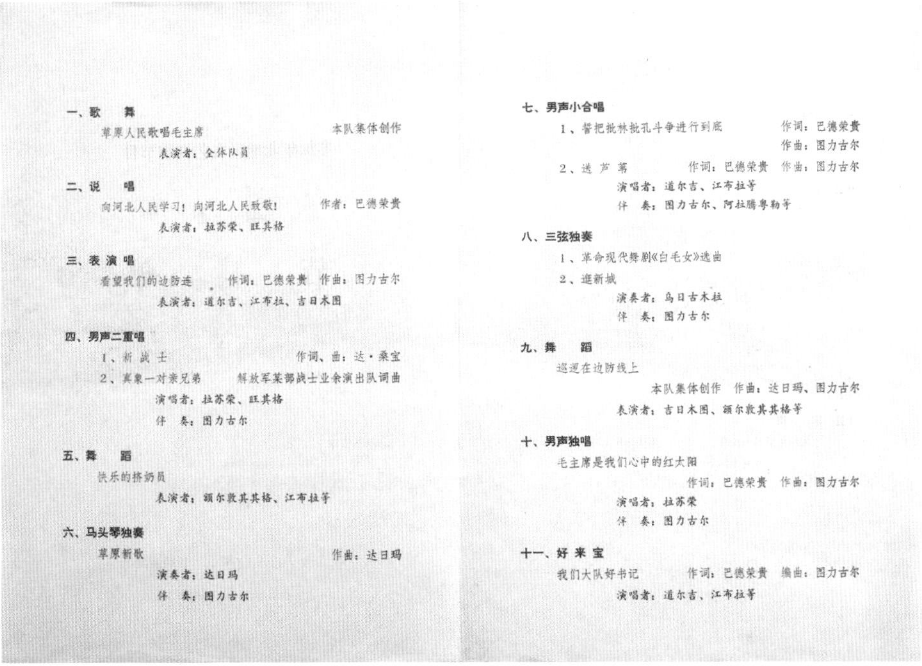

一、歌　舞

草原人民歌唱毛主席　本队集体创作

表演者：全体队员

二、说　唱

向河北人民学习！向河北人民致敬！　作者：巴德荣贵

表演者：拉苏荣、旺其格

三、表演唱

看望我们的边防连　作词：巴德荣贵　作曲：图力古尔

表演者：道尔吉、江布拉、吉日木图

四、男声二重唱

1、新战士　作词、曲：达·桑宝

2、真象一对亲兄弟　解放军某部战士业余演出队词曲

演唱者：拉苏荣、旺其格

伴　奏：图力古尔

五、舞　蹈

快乐的挤奶员

表演者：额尔敦其其格、江布拉等

六、马头琴独奏

草原新歌　作曲：达日玛

演奏者：达日玛

伴　奏：图力古尔

七、男声小合唱

1、誓把批林批孔斗争进行到底　作词：巴德荣贵　作曲：图力古尔

2、送芦苇　作词：巴德荣贵　作曲：图力古尔

演唱者：道尔吉、江布拉等

伴　奏：图力古尔、阿拉腾奥勒等

八、三弦独奏

1、革命现代舞剧《白毛女》选曲

2、逛新城

演奏者：乌日古木拉

伴　奏：图力古尔

九、舞　蹈

巡逻在边防线上

本队集体创作　作曲：达日玛、图力古尔

表演者：吉日木图、额尔敦其其格等

十、男声独唱

毛主席是我们心中的红太阳

作词：巴德荣贵　作曲：图力古尔

演唱者：拉苏荣

伴　奏：图力古尔

十一、好来宝

我们大队好书记　作词：巴德荣贵　编曲：图力古尔

演唱者：道尔吉、江布拉等

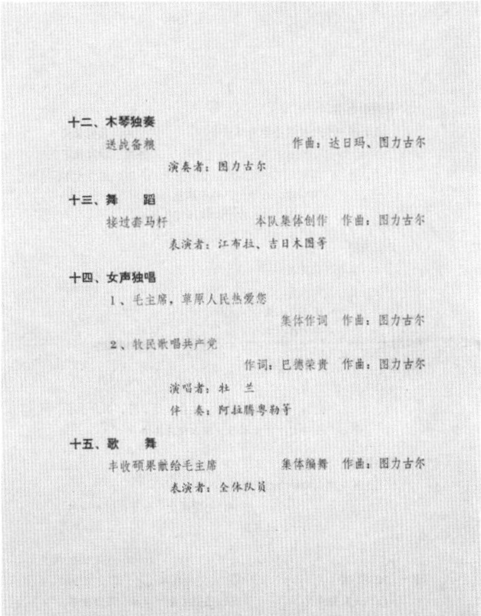

十二、木琴独奏

送战备粮　作曲：达日玛、图力古尔

演奏者：图力古尔

十三、舞　蹈

接过套马杆　本队集体创作　作曲：图力古尔

表演者：江布拉、吉日木图等

十四、女声独唱

1、毛主席，草原人民热爱您

集体作词　作曲：图力古尔

2、牧民歌唱共产党

作词：巴德荣贵　作曲：图力古尔

演唱者：杜　兰

伴　奏：阿拉腾奥勒等

十五、歌　舞

丰收硕果献给毛主席　集体编舞　作曲：图力古尔

表演者：全体队员

参加华北地区文艺调演节目歌舞节目单内页　1974 年

ᠥᠪᠥᠷ ᠮᠣᠩᠭᠣᠯ ᠤᠨ ᠥᠪᠡᠷᠲᠡᠭᠡᠨ ᠵᠠᠰᠠᠬᠤ ᠣᠷᠣᠨ

内蒙古自治区乌兰牧骑会演

小戏专场联合演出

ᠵᠦᠵᠦᠭᠡ

节 目 单

ᠥᠪᠥᠷ ᠮᠣᠩᠭᠣᠯ ᠤᠨ ᠰᠣᠶᠣᠯ ᠤᠨ

内蒙古自治区文化局主办

1979·6·

内蒙古自治区乌兰牧骑会演小戏专场联合演出节目单 1979 年 6 月

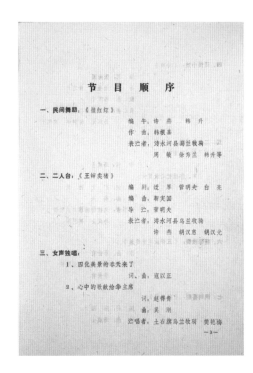

内蒙古自治区乌兰牧骑会演小戏专场联合演出节目单内页　1979年6月

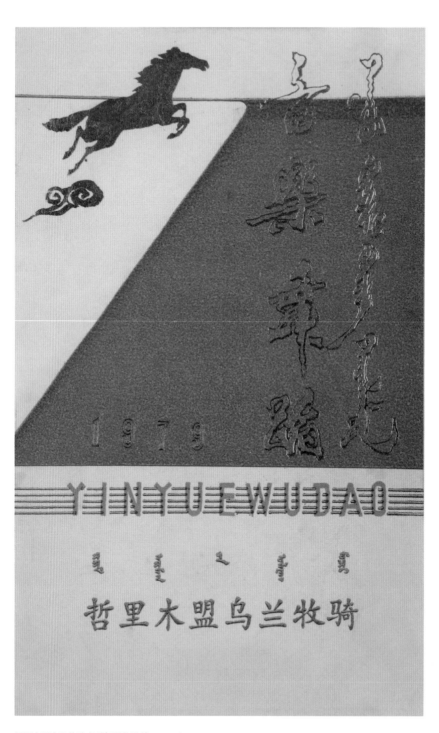

哲里木盟乌兰牧骑音乐舞蹈节目单　1979 年

《马刀舞曲》…………………俄罗斯 乐曲

　　演奏者：乔东义

三、器乐小合奏：

《牧场新歌》…………………官布舍冷 编曲
《小青马》…………………内蒙西部区民歌
　　　　　　　　　　　　官布舍冷 改编

演奏者：那达密德、李长山、李成文、铁桩、莲花等

舞蹈部分

一、哲盟民间歌舞"安代"：

《马背儿女唱四化》…………徐小哲 编导
　　　　　　　　　　　　张世荣 词
　　　　　　　　　　　　义德日 编曲

　　　表演者：阿赫塔、套克图木勒等

二、独　舞：

《马蹄舞》…………………阿赫塔 编舞
　　　　　　　　　　　　罗 庆 曲

　　　表演者：阿赫塔

三、双人舞：

《溪水情长》…………………徐小哲 编舞

　　　　　　　　　　　　张世荣 词
　　　　　　　　　　　　义德日 曲

　　　表演者：金玉、阿赫塔

四、舞　蹈：

《布谷鸟》…………………徐小哲 编导
　　　　　　　　　　　　王 磊 词
　　　　　　　　　　　　义德日 曲

　　　表演者：哈斯、白玉等

五、舞　蹈：

《太平鼓舞》…………………朝克图 编导
　　　　　　　　　　　　阿赫塔
　　　　　　　　　　　　张世荣 词
　　　　　　　　　　　　罗 庆 曲

　　　表演者：杜德全、朝克图、王晶等

六、独　舞：

《牧羊姑娘》………向呼伦贝尔盟歌舞团学习节目
　　　表演者：哈 斯

七、鄂温克族舞蹈：

《彩虹》
　　　向区直属乌兰牧骑学习节目
　　　表演者：王桂玉、曹丽华、白玉等
　　　（每场演出部分节目）

哲里木盟乌兰牧骑音乐舞蹈节目单内页　1979 年

乌兰察布盟乌兰牧骑会演

节目单

乌兰察布盟乌兰牧骑会演办公室主办

一九八六年十月

乌兰察布盟乌兰牧骑会演节目单　1986 年 10 月

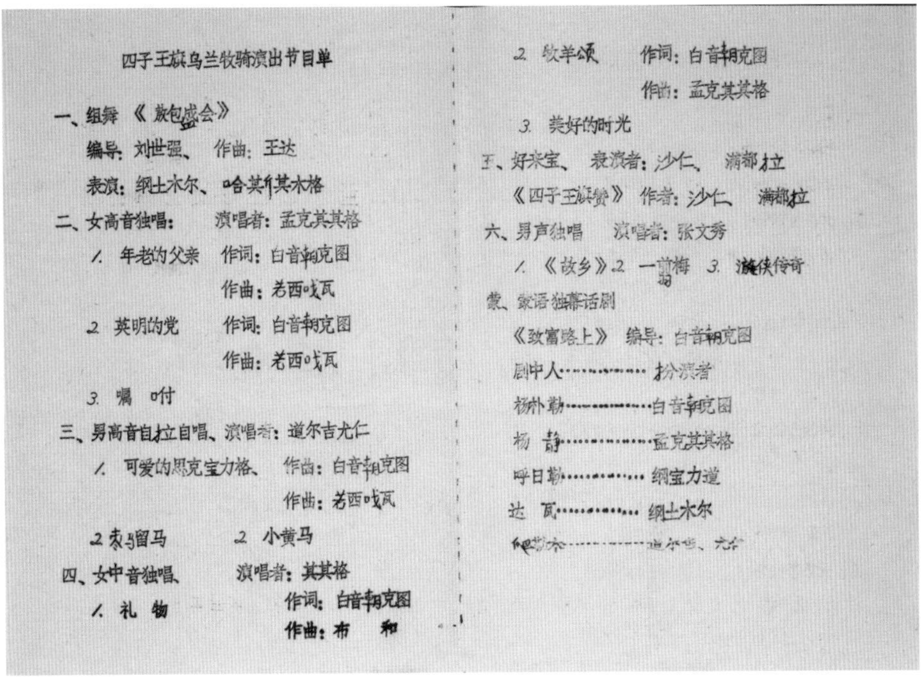

四子王旗乌兰牧骑演出节目单

一、组舞 《敖包盛会》
　　编导: 刘世强、　作曲: 王达
　　表演: 纲土木尔、哈其布其木格
二、女高音独唱　　演唱者: 孟克其其格
　　1. 年老的父亲　　作词: 白音朝克图
　　　　　　　　　　作曲: 若西戈瓦
　　2. 英明的党　　作词: 白音朝克图
　　　　　　　　　　作曲: 若西戈瓦
　　3. 嘱咐
三、男高音自拉自唱　演唱者: 道尔吉尤仁
　　1. 可爱的照克宝力格　作曲: 白音朝克图
　　　　　　　　　　　　　作曲: 若西戈瓦
　　2. 枣骝马　　2. 小黄马
四、女中音独唱　　演唱者: 其其格
　　1. 礼物　　　　作词: 白音朝克图
　　　　　　　　作曲: 布　　和

　　2. 牧羊颂　　作词: 白音朝克图
　　　　　　　　作曲: 孟克其其格
　　3. 美好的时光
五、好来宝　表演者: 沙仁、清都拉
　　《四子王旗赞》　作者: 沙仁、满都拉
六、男声独唱　演唱者: 张文秀
　　1.《故乡》2. 一剪梅　3. 游侠传奇
蒙、汉语独幕话剧
　　《致富路上》　编导: 白音朝克图
　　剧中人…………扮演者
　　杨朴勤…………白音朝克图
　　杨　静…………孟克其其格
　　呼日勒…………纲宝力道
　　达　瓦…………纲土木尔
　　纲朝木…………道尔吉、尤仁

乌兰察布盟乌兰牧骑会演节目单内页　1986 年 10 月

125

参加首届中国艺术节

节目资料汇编

内蒙古自治区乌兰牧骑艺术团

1987·9

内蒙古自治区乌兰牧骑艺术团参加首届中国艺术节节目资料汇编　1987 年 9 月

午蹈部分

声乐部分

器乐部分

曲艺部分

内蒙古自治区乌兰牧骑艺术团参加首届中国艺术节节目资料汇编内页 1987 年 9 月

甘肃省少数民族专业文艺调演

省乌兰牧骑队汇报演出

节

目

单

甘肃省民族事务委员会主办
甘肃省文化厅

1989·9·15

兰州

甘肃省少数民族专业文艺调演——省乌兰牧骑队汇报演出节目单 1989 年 9 月 15 日 兰州

前　言

我队自1984年成立以来，今年是首次参加全省文艺调演活动，九个民族的演员积极努力，发挥一专多能的优势，让一批不出名的小编节走出大门，深入生活，走民族民间艺术之路，他们以大胆创新，在专家的指导下。为国庆四十周年暨全省少数民族专业文艺调演献上一台具有乡土气息的音乐舞蹈，以表我们的心意。

节目简介

一、蒙古族舞蹈：《冰川与生命》(扎西图盟伊萨日勒格) 编舞，金泉(蒙古)作曲，存有(藏) 表演者：金泉、邱永春(藏)、高林(裕固)、奔德格尔(蒙古)郭荣(汉)、杨德庆(汉)，配歌，奔德格尔……

"是谁溶解了冰川？是谁抖动了雪山？是使民欢腾的牦牛，它是我们雪山蒙古人的伙伴。"

二、二胡独奏　演奏者：全省青年器乐比赛获奖者央金玛(藏)华杰、银金萍(汉)、夹措(藏)等
（1）《省尾热了》(维吾尔族乐曲)；（2）《望果节之夜》(藏族民歌)

三、东乡族舞蹈：《五彩的牡丹》 编舞，刘少雄(汉) 词曲，李德明(藏)
　纪乐与表演者：玛伊莎(东乡)　监器，李德辉(汉)

"五彩的云霞五彩的天，五彩的牡丹五彩的山，东乡女儿歌漫天，情意流长如山泉。"

四、男高音独唱　演唱者，喜年才让(藏)　小乐队伴奏，尤子琴领唱，万玛西旦(藏)
（1）《拉卜楞在我心中闪光》李静芳词，存有曲；（2）《我们祖国象朵花朵》（3）《赞歌》(蒙古族民歌)胡松华改编（4）《常想起你》李德辉曲

五、蒙古族舞蹈：《陶醉》 编舞，乌兰其其格(蒙古) 吴奇其木格(蒙古) 作曲，赵登(蒙古) 监器，存有
表演者：戚润玲(汉)、丁卫(汉)、央金玛(藏)乌兰其其格、吴奇其木格、玛伊莎、陈小玲(东乡)

"山泉醉了，草原醉了，姑娘的歌舞醉倒了，我们富饶的草原啊，整整醉了十年。"

六、女高音独唱，演唱者，杨玲(汉)　小乐队伴奏
（1）《我是你的牵牛羊》(刀郎促词，李德辉曲）（2）《清泉》李德辉词许有有曲（3）《我人心中有一个绿色的祖国》许有词曲（4）《英雄赞歌》

七、回族舞蹈：《金城杂伎计》 编舞，邱永春
表演者：高林、郭荣、奔德格尔 作曲，存有

"二春盐叶之宽，银比和民腾阔，汉情音源万里，另女悠穴怀常。"

八、女声独唱，演唱者，玛伊莎　小乐队伴奏
（1）《象走你乳太得遥远》陈华词李德辉曲；（2）《谷我的阿哥是万玛》民歌词郭芬曲；（3）《是你给我爱》

九、裕固族舞蹈：《鼓声咔咔》　编舞，表演者，郭荣　作曲，李德辉

"奶奶曾留下一个古老的传说，裕固人用牛角鼓带来欢乐，今日郡地山峡声声吟唱，裕固人唱起了时代的凯歌。"

十、马头琴独奏　演奏者，全国马头琴比赛获奖者阿尔察·达来，电子琴伴奏，乌玛扎西（1）《草原小路》乌察·达来曲；（2）《万马奔腾》齐·宝力高曲，架子鼓伴奏，张金荣

十一、小舞剧《莫高神曲》 编舞，刘少雄
乐俑高僧，邱永春(全国舞蹈比赛一等奖 作曲，李德辉获得者)

仙　女：包玉红、玛伊莎、陈小玲、戚润玲、丁卫狱、央金玛等

牧　兔：杨德庆、高林、奔德格尔、金泉等

牧太岩干、和尚若干。

"敦煌莫高窟，冠世图名，是谁独其匠心，在茫茫的鸣沙山中第一个凿窟造像？相传，他就是公元三百六十六年间东晋的高僧乐傅……"

艺术指导，道路　舞台监督，李德明　剧务主任，高林
灯光，乌金明(回)　道具制作，喜年才让 报幕，杨玲
服装，乔金玉　效果，杨德庆 副舞，高红武
舞蹈音乐由本队乐队录音合成 指挥，李德辉、存有

甘肃省少数民族专业文艺调演——省乌兰牧骑队汇报演出节目单内页　1989年9月15日　兰州

129

第三届中国艺术节内蒙古自治区直属乌兰牧骑演出节目单 1992 年 2 月 18 日—3 月 3 日 昆明

内蒙古自治区直属乌兰牧骑简介

　　内蒙古自治区直属乌兰牧骑成立于1965年。多年来，她始终坚持文艺的社会主义方向，队伍短小精干，节目小型多样，队员一专多能，装备轻便灵活，集演出、宣传、辅导和服务于一身，为活跃各族群众的文化生活，为繁荣和发展民族文化事业做出了贡献。

　　内蒙古直属乌兰牧骑在创作上追求时代精神、民族风格和地区特色的和谐统一，27年来，创作了1000余个音乐、舞蹈和曲艺节目，其中比较有代表性的有舞蹈《彩虹》、《草原姑娘》、《翔》、《鼓舞》、《火红的青春》，歌曲《牧民歌唱共产党》、《富饶美丽的内蒙古》、《弹起我心爱的好比斯》、《春光美》、《蒙汉人民情谊深》及好来宝《腾飞的骏马》等。在长期的艺术实践中，培养出了图方吉尔、牧兰、道尔吉仁钦、达日玛、朝鲁、敖登格日勒等一批具有较深造诣的艺术人才。

　　内蒙古直属乌兰牧骑长期坚持深入基层，走遍了辽阔的内蒙古草原，共演出近4000场。在国际国内各种比赛和会演中，获得各种奖励170项，该队足迹遍及全国27个省市自治区和亚洲、欧洲、非洲、美洲等21个国家和地区，是一支在国内外享有较高声誉的艺术表演团体。

　　艺术顾问：贾作光
　　舞美设计：白呼和、郭健、鲁林宝
　　服装设计：郭健、郭淑芬
　　灯　　光：白呼和、王培荣
　　音　　响：呼必斯

第三届中国艺术节内蒙古自治区直属乌兰牧骑演出节目单内页　1992年2月18日—3月3日　昆明

第三届中国艺术节内蒙古自治区直属乌兰牧骑演出节目单封底　1992 年 2 月 18 日—3 月 3 日　昆明

乌兰牧骑交流演出

内蒙古自治区 鄂托克旗 乌兰牧骑演出
巴林右旗

节 目 单

文化部少数民族文化司　主办

北京 1997.7

乌兰牧骑交流演出内蒙古自治区鄂托克旗、巴林右旗乌兰牧骑演出节目单　1997 年 7 月　北京

132

内蒙古伊克昭盟鄂托克旗乌兰牧骑简介

　鄂托克旗乌兰牧骑始建于 1959 年,是全区较早建立的乌兰牧骑之一。三十多年来,在党的文艺方针和民族政策的指引下,他们长期活跃在农村牧区,为丰富人民群众的文化生活,为繁荣和发展边疆少数民族地区文艺事业,做出了突出的贡献。曾先后出席全国文教群英会和全国农村文化工作先进集体、先进工作者表彰大会。90 年被文化部表彰为"弘扬民族文化,全心全意为人民服务"先进集体;91 年被文化部和人事部命名为"全国文化工作先进集体";92 年被自治区文化厅和人事厅评为"全区文化系统先进集体"。

　鄂托克旗乌兰牧骑还多次参加全国少数民族文艺汇演。83 年代表全区乌兰牧骑参加全国"乌兰牧骑"式演出队文艺汇演;87 年参加首届中国艺术节;88 年以鄂托克旗乌兰牧骑为主组成的中国内蒙古鄂尔多斯民间艺术团应邀赴日本访问演出。

—— 1 ——

乌兰牧骑交流演出内蒙古自治区鄂托克旗、巴林右旗乌兰牧骑演出节目单简介　1997 年 7 月　北京

133

内蒙古自治区鄂托克旗
乌兰牧骑演出节目单

一、歌舞表演唱：
《鄂尔多斯婚礼"乃日"》

编 导：	三月花、嘎尔迪
编 曲：	达来郡仁
表演者：	三月花、明 嘎等

二、女声独唱：
1、《祝福歌》

作 词：	文 川
作 曲：	桑 洁

2、《拜见阿爸阿妈》

词 曲：	腾格尔
演唱者：	斯 琴

三、舞蹈：
《大漠丰碑》

编 舞：	苏雅拉图雅、嘎尔迪、苏雅拉达来
作 曲：	桑 洁、达来郡仁
作 词：	文 川
伴 唱：	乌 兰、朝尔登花
表演者：	嘎尔迪、朝乐蒙、乌云娜等

四、男声独唱：
1、《草原上升起不落的太阳》

词 曲：	美丽其格

2、《赞歌》

词 曲：	胡松华

— 2 —

演唱者：呼格吉勒图

五、舞蹈：
《在那达慕盛会上》

编 舞：	苏雅拉达来
作 词：	桑 洁
作 曲：	苏雅拉达来
表演者：	明 嘎、三月花、朝乐蒙等

六、女声二重唱：
1、《月夜》

作 词：	文 川
作 曲：	桑 洁

2、《祝酒歌》

作 词：	刘大伟
作 曲：	桑 洁
演唱者：	乌 兰、斯 琴

— 3 —

七、独舞：
《塞歌》

编 舞：	三月花
作 曲：	达来郡仁、桑 洁
表演者：	三月花

八、独舞：
《牧童与驼羔》

编 舞：	汉 音、宝力德
表演者：	哈斯其其格

九、女声独唱：
1、《慈祥的母亲》
2、《黑缎子坎肩》

	鄂尔多斯民歌
演唱者：	朝尔登花

十、舞蹈：
《鄂尔多斯的祝福》

编 舞：	三月花、苏雅拉达来
作 曲：	桑 洁、郡 顺
表演者：	巴特尔、阿乐塔、巴根那等

— 4 —

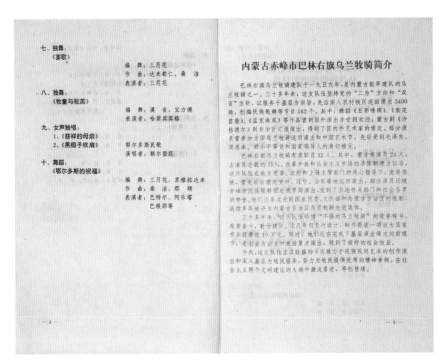

内蒙古赤峰市巴林右旗乌兰牧骑简介

巴林右旗乌兰牧骑建队于一九五九年，是内蒙古较早建队的乌兰牧骑之一，三十多年来，这支队伍在坚持党的"二为"方针和"双百"方针，以服务于基层为宗旨，先后深入农村牧区巡回演出 3400 场，创编民族歌舞等节目 562 个。其中，舞蹈《五彩情梭》、《索花首舞》、《孟克珠娅》等作品曾到国外演出并受到欢迎；蒙古剧《沙格德尔》到自治区汇报演出，得到了区内外艺术家的肯定，部分演员曾参加全国乌兰牧骑调演和中国艺术节，先后受到毛泽东、周恩来、邓小平等党和国家领导人的亲切接见。

巴林右旗乌兰牧骑现有演职员 32 人。其中，蒙古族演员 24 人，占演员总数的 75%。改革开放和社会主义市场经济体制建立以后，这支队伍在地方党委、政府和上级主管部门的关心指导下，发展很快，曾先后应邀到贵州、辽宁、山东等地巡回演出，部分演员还接受赤峰市民族歌舞团的借聘演出，受到了当地有关部门和社会各界的赞誉。他们还多次受到国家民委、文化部和内蒙古自治区的表彰，连续多年被评为内蒙古自治区乌兰牧骑先进集体。

三十多年来，这支队伍珍惜"不锈的乌兰牧骑"的荣誉称号，服苦奋斗，勤俭建队，近几年仅自行设计、制作服装一项就为国家节余经费近 10 万元。同时，他们还在完成了基层演出场次的前提下，走出去为企业们返演募点演出，取到了极好的社会效益。

今天，这支队伍在以旺盛的斗志献力于民族民间艺术的创作演出和深入基层为牧民服务，努力为牧民提供优质的精神食粮，在社会主义两个文明建设的大潮中激流勇进，再创佳绩。

— 5 —

乌兰牧骑交流演出内蒙古自治区鄂托克旗、巴林右旗乌兰牧骑演出节目单内页 1997 年 7 月 北京

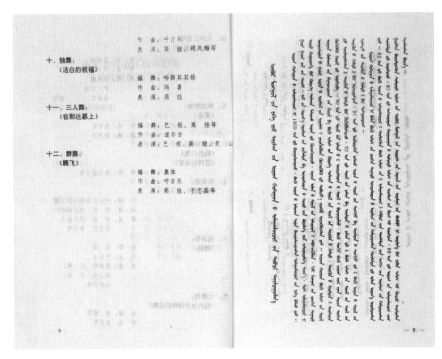

乌兰牧骑交流演出内蒙古自治区鄂托克旗、巴林右旗乌兰牧骑演出节目单内页 1997 年 7 月 北京

乌兰牧骑宣传画

草原上的文化队　20世纪60年代　上海人民美术出版社　何逸梅

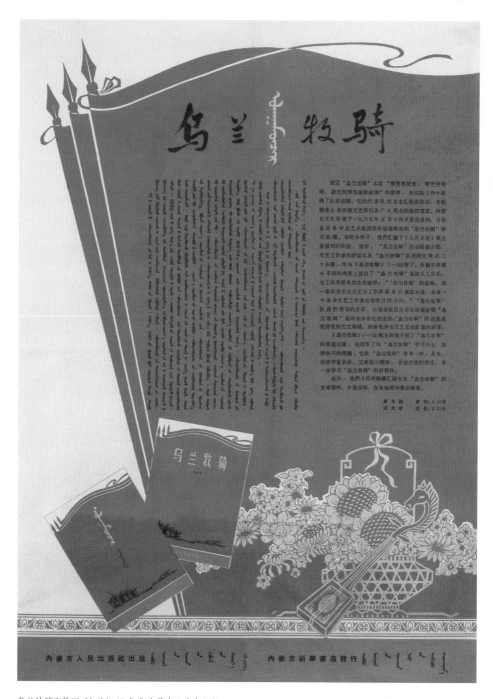

乌兰牧骑宣传画 20 世纪 60 年代 内蒙古人民出版社

心随总理唱延安 20世纪70年代 内蒙古人民出版社 吴迅 宋显瑞

乌兰牧骑在前进 20世纪70年代　内蒙古人民出版社　思沁

乌兰牧骑演唱

怀念 20世纪70年代 内蒙古人民出版社 明锐 王延青

红灯高照 20 世纪 70 年代　内蒙古人民出版社　魏志刚

诗人兴会更无前 20 世纪 70 年代 内蒙古人民出版社 官布

草原儿女（一） 20世纪70年代 内蒙古人民出版社

草原儿女（二） 20 世纪 70 年代　内蒙古人民出版社

草原红花（一） 20世纪70年代 人民美术出版社 关景宇 徐震时

草原红花（二） 20世纪70年代 人民美术出版社 关景宇 徐震时

颂歌献给毛主席　20 世纪 70 年代　内蒙古人民出版社　刘大为　贾方州

彩虹 20世纪70年代 内蒙古人民出版社 陈启东

乌兰牧骑成立 25 周年纪念章正面

乌兰牧骑成立 25 周年纪念章背面

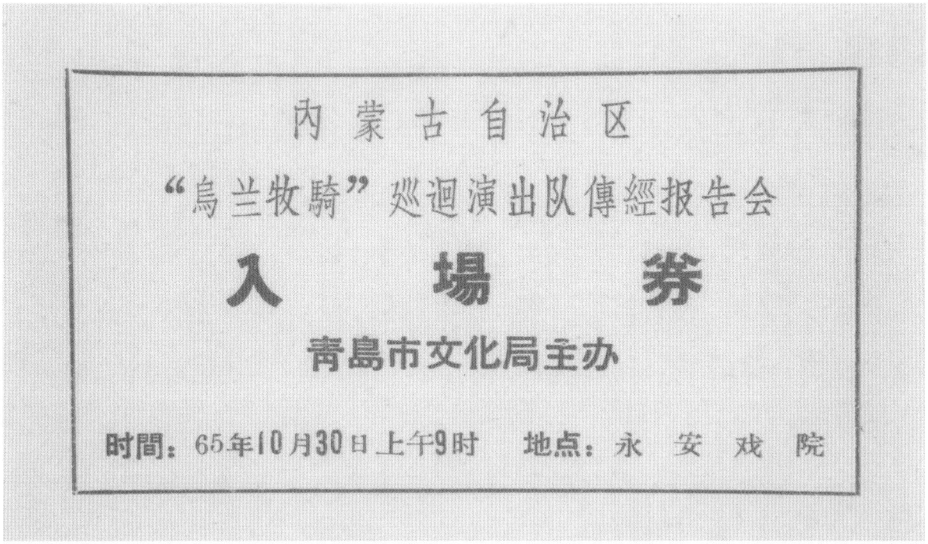

内蒙古自治区

"乌兰牧骑" 巡迴演出队傳經报告会

入　場　券

青島市文化局主办

时间：65年10月30日上午9时　　地点：永　安　戏　院

内蒙古自治区乌兰牧骑巡回演出队传经报告会入场券 1965 年

刊载乌兰牧骑的报刊资料

红色文化队在草原上传播社会主义的新文化

活跃在內蒙古草原上的"乌兰牧骑"（红色文化队），长年累月地在草原上巡回演出，传播社会主义的新文化，全心全意为工农兵服务、为广大牧民服务，为专业文艺工作者树立了榜样。图为扎鲁特旗"乌兰牧骑"的队员们，在一处演出結束后，又乘馬车前往另一公社演出。　朝格柱摄【新华社稿】

红色文化队在草原上传播社会主义的新文化　选自《新民晚报》1965年1月2日第二版

帮助广大牧民过一个革命化的春节
"乌兰牧骑"巡回辅导业余文艺活动

【据新华社呼和浩特16日电】内蒙古正蓝旗"乌兰牧骑"（红色文化队）队员们，最近在北部牧区那日图等八个公社对五十多名业余文艺爱好者进行文艺辅导训练，为群众准备春节演出节目。

"乌兰牧骑"队员们把他们在巡回演出中受到牧民欢迎的节目，教给这些业余文艺爱好者。其中包括《各族人民心连心》、《学习雷锋好榜样》、《五个不要忘记》、《人民公社好》等革命歌曲，以及盛行于内蒙古草原的"安代"舞《歌唱三面红旗》；还有表现牧民热爱集体的小型话剧《一只黑羊羔》、小演唱《请帅》、

《劳动牧民之歌》以及批评骄傲自满、麻痹大意的《猜谜语》、《警惕》等蒙古语相声。

为了帮助广大牧民过一个革命化的春节，正蓝旗"乌兰牧骑"队员们，从去年十二月初就开始下

古巴乒乓球运动技术水平

目前，古巴乒乓球运动已经成了一项群众性的体育运动，技术水平不断提高，涌现出不少很有发展前途的年青运动员。这是中国乒乓球教练朱人龙和顾仁贤在哈瓦那对新华社记者谈的印象。

中国乒乓球教练说，古巴乒乓球运动员的特点是富有进攻精神、敏捷和反应迅速。

乒乓球运动在古巴是一项新兴的体育运动。在过去一年里，古巴全国各地的工厂、学校、农场、

日本选出男女选手参加世界速滑锦标赛

一九六四年日本速度滑冰比赛大会上月二十三日和二十四日在轻井泽举行。会上选拔出两名选手代表日本参加今年二月举行的世界男子和女子速度滑冰锦标赛。

帮助广大牧民过一个革命化的春节"乌兰牧骑"巡回辅导业余文艺活动　选自《新民晚报》1965年1月20日第二版

159

冒着塞外的风雪严寒 "乌兰牧骑"送歌献舞

【据新华社呼和浩特今日电】内蒙古自治区草原上的许多"乌兰牧骑",冒着塞外的风雪严寒,在春节前后为广大社员送歌献舞。

巴彦淖尔盟阿拉善左旗"乌兰牧骑"的十二名男女队员,在春节前后的八天内,到三个公社的八个生产队,为牧民社员演出了五十多个具有革命内容、生动活泼和短小精悍的文艺节目。队员们还访问贫苦牧民,参加喂羊羔、打扫羊圈等劳动,教牧民唱革命歌曲,辅导生产队的业余文艺活动。他们对一批一批骑马远道赶来观看演出的社员,总是热情接待,不厌其烦地一次又一次地为他们演出。康伦旗"乌兰牧骑"在春节前后半个月内,走了四百多里路,到四个公社的十几个大队演出。这个旗山多沟多、交通不便,社员居住也很分散,他们就采取分组巡回演出的办法,使许多贫下中农和贫苦牧民都看到了他们的演出。

许多"乌兰牧骑"除演出外,还放映幻灯,举办图片展览等。

冒着塞外的风雪严寒"乌兰牧骑"送歌献舞　选自《新民晚报》1965年2月13日第二版

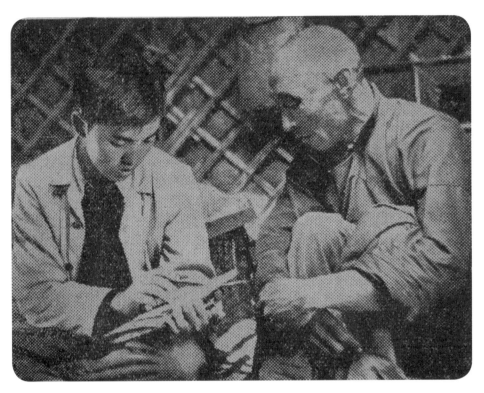

乌兰牧骑队员向老牧民收集民歌 选自《解放日报》1965年8月4日《草原上的文艺轻骑兵——"乌兰牧骑"》

同农牧民一起劳动　选自《解放日报》1965 年 8 月 4 日《草原上的文艺轻骑兵——"乌兰牧骑"》

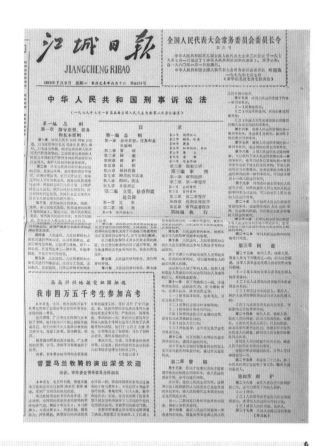

哲盟乌兰牧骑的演出深受欢迎

市委、市革委会领导接见全体演员

本市消息 七月四日晚，哲里木盟乌兰牧骑在我市红旗剧场举行首场演出，受到广大观众的热烈欢迎。

乌兰牧骑演出的节目内容丰富，形式多样，有鲜明的民族特色和浓郁的草原生活气息。舞蹈《布谷鸟》、《马蹄舞》、《溪水情长》，构思新颖，舞姿动人；声乐精彩，歌唱家们的表演使观众耳目一新；著名四胡演奏家乌云龙演奏的《牧马青年》、《挂红灯》等曲子技巧娴熟，音域浑厚，引人入胜。整个演出生动、活泼，有力地反映了哲里木盟人民在党中央领导下为实现四个现代化而团结战斗、辛勤劳动的豪迈气概。

市委和市革委会领导同志出席观看了演出，并接见了全体演员。（于仁德）

哲盟乌兰牧骑的演出深受欢迎　选自《江城日报》1979年7月9日第一版

新华每日电讯

新华通讯社出版

2017 年 11 月 22 日 星期三 丁酉年十月初五 今日 8 版 总第 09093 期

杨泗港长江大桥北岸主塔封顶

习近平回信勉励乌兰牧骑队员

大力弘扬乌兰牧骑优良传统
永远做草原上的"红色文艺轻骑兵"

习近平的回信

苏尼特右旗乌兰牧骑的队员们:

你们好!从来信中，我很高兴地看到了乌兰牧骑建队60年来的发展，感受到了你们对事业的那份热爱，对党和人民的那份深情。

乌兰牧骑的长盛不衰表明，人民需要艺术，艺术也需要人民。在新时代，希望你们以党的十九大精神为指引，大力弘扬乌兰牧骑的优良传统，扎根生活沃土，服务牧民群众，努力创作更多接地气、传得开、留得下的优秀作品，永远做草原上的"红色文艺轻骑兵"。

习近平
2017 年 11 月 21 日
新华社北京 11 月 21 日电

新华社北京 11 月 21 日电 中共中央总书记、国家主席、中央军委主席习近平 21 日给内蒙古自治区苏尼特右旗乌兰牧骑的队员们回信，勉励他们继续扎根基层、服务群众，努力创作更多接地气、传得开、留得下的优秀作品。

习近平在回信中说，从来信中，我很高兴地看到了乌兰牧骑的成长与进步，感受到了你们对事业的那份热爱，对党和人民的那份深情。

习近平指出，乌兰牧骑是全国文艺战线的一面旗帜，第一支乌兰牧骑就诞生在你们的家乡。60年来，一代代乌兰牧骑队员迎风雪、冒寒暑，长期在戈壁、草原上辗转跋涉，以天为幕布，以地为舞台，为广大农牧民送去了欢乐和文明，传递了党的声音和关怀。

习近平表示，乌兰牧骑的长盛不衰表明，人民需要艺术，艺术也需要人民。在新时代，

希望你们以党的十九大精神为指引，大力弘扬乌兰牧骑的优良传统，扎根生活沃土，服务牧民群众，推动文化创新，努力创作更多接地气、传得开、留得下的优秀作品，永远做草原上的"红色文艺轻骑兵"。

乌兰牧骑的蒙古语原意是"红色的嫩芽"，后被引申为"红色文艺轻骑兵"，是适应草原地区生产生活特点而诞生的文化工作队，具有"演出、宣传、辅导、服务"等职能，深受广大农牧民欢迎。1957年，苏尼特右旗建立了内蒙古第一支乌兰牧骑。目前，内蒙古草原上活跃着75支乌兰牧骑，每年演出超过7000场。近日，苏尼特右旗乌兰牧骑的16名队员给习近平总书记写信，汇报乌兰牧骑60年来的发展情况，表达为繁荣发展社会主义文艺事业作贡献的决心。

习近平回信勉励乌兰牧骑队员　选自《新华每日电讯》2017 年 11 月 22 日第一版

习近平回信勉励乌兰牧骑队员　选自《内蒙古日报》2017年11月22日第一版

习近平总书记给苏尼特右旗乌兰牧骑队员们的回信在我区广大干部群众和文艺工作者中引起强烈反响　选自《内蒙古日报》2017年11月23日　第一版

驰骋草原六十载 扛起红旗再出发

回访内蒙古最早的乌兰牧骑

▲ 2007年8月23日，乌兰牧骑成立50周年庆典在内蒙古苏尼特右旗举行，苏尼特右旗乌兰牧骑的演员重现早期乌兰牧骑乘马车下乡演出的场景。　新华社记者任军川摄

冬日草原，云白天蓝，暖阳高照下的内蒙古自治区苏尼特右旗桑宝拉格苏木额尔登塔拉嘎查（村）那顺陶格图家的蒙古包里器乐和鸣、歌声飘荡，热闹非常。

23日上午，苏尼特右旗乌兰牧骑的12名演员来到这里为牧民群众表演新编的《心中的歌》等文艺节目。这是苏尼特右旗乌兰牧骑收到习近平总书记回信后的第一场演出，演员们热情高涨，观众喜气洋洋。

就在两天前，习近平总书记给苏尼特右旗乌兰牧骑队员们回信，称赞"乌兰牧骑是全国文艺战线的一面旗帜"，"为广大农牧民送去了欢乐和文明，传递了党的声音和关怀"。

总书记的回信温暖大草原

今年10月9日，苏尼特右旗乌兰牧骑在家的16名队员联合署名给习近平总书记写信，汇报乌兰牧骑的成长和进步情况。

11月21日，习近平总书记给队员们回信，勉励大家"以党的十九大精神为指引，大力弘扬乌兰牧骑的优良传统，扎根生活沃土，服务牧民群众，推动文艺创新，努力创作更多接地气、传得开、留得下的优秀作品，永远做草原上的'红色文艺轻骑兵'"。

"乌兰牧骑"，蒙古语意为"红色的嫩芽"，后被引申为"红色文艺轻骑兵"，是适应草原上地广人稀特点而诞生的文化工作队。1957年，苏尼特右旗成立了由9名演员组成的内蒙古第一支乌兰牧骑。由于他们的节目活泼新颖、贴近生活、思想性、艺术性、观赏性有机统一，广受草原人民喜爱。此后，内蒙古各地纷纷仿效建立各自的乌兰牧骑。目前全区活跃着75支乌兰牧骑，每年演出超过7000场。

而苏尼特右旗乌兰牧骑则特别出名——毛泽东、周恩来、邓小平等老一辈无产阶级革命家多次观看着他们的演出。目前，苏尼特右旗乌兰牧骑共有演员47名，今年已演出100多场。

（下转2版）

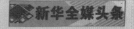

（下转2版）

驰骋草原六十载 扛起红旗再出发　选自《新华每日电讯》2017年11月24日第一版

扎根生活沃土 努力推动文艺创新

—— 习近平总书记给苏尼特右旗乌兰牧骑队员们的回信
在我区广大文艺工作者中引起强烈反响

□本报记者 赵媛

永做草原红色文艺轻骑兵

扎根生活沃土 努力推动文艺创新 选自《内蒙古日报》2017年11月24日第一版

红色嫩芽　乌兰牧骑

本报记者　张枨

编者按：11月21日，中共中央总书记、国家主席、中央军委主席习近平给内蒙古自治区苏尼特右旗乌兰牧骑队员回信，勉励他们"永远做草原上的'红色轻骑兵'。"

乌兰牧骑，这一成长于内蒙古广袤大草原的"红色嫩芽"，再次引起关注。

破土而出

上世纪50年代，为了响应国家号召，全国各地纷纷建立起了文化馆，但是草原地广人稀，文化馆并不适合牧区。内蒙古自治区有了一个"在牧区丰富牧民文化生活"的设想。1957年，全国第一支乌兰牧骑在锡林郭勒盟苏尼特右旗建立，开展试点工作。

扎根草原

乌兰牧骑的节目以反映当地生产生活为主，目标宣演，灵活多样，在宣传党的方针政策的同时，反映农牧区生活。

R 小贴士·优秀作品

蓬勃发展

敬爱的习总书记：

您好！

我们是内蒙古自治区锡林郭勒盟苏尼特右旗乌兰牧骑队员。

32岁的黄小云是这支乌兰牧骑的第五代队员。

近日，第一支乌兰牧骑——苏尼特右旗乌兰牧骑的蒙古剧《生命之树》正在自治区内巡演。

红色嫩芽 乌兰牧骑　选自《人民日报》2017年11月25日第九版

《乌兰牧骑之歌》 音乐出版社 1965 年

《乌兰牧騎之歌》目录　音乐出版社 1965 年

《乌兰牧骑——红色文化工作队》 中国戏剧出版社 1965 年

目 录

《乌兰牧骑——红色文化工作队》目录　中国戏剧出版社　1965 年

《乌兰牧骑》第一期　内蒙古人民出版社　1965 年

乌兰牧骑

（二）

目　录

《乌兰牧骑》第二期目录　1965 年

草原轻骑

张长弓 著

《草原轻骑》 天津人民出版社 1973 年

乌兰牧骑演唱材料

WULANMUQIYANCHANGCAILIAO

1

1973

《乌兰牧骑演唱材料》1973 年第 1 期

歌 满 草 原　　达·阿拉坦巴干　摄影
　　　　　　　　　　　李　天　纪诗

嘹亮的歌声，　　　　　手指在琴弦上跳动，
战斗的舞步，　　　　　心贴着贫下中牧，
带来毛主席的阳光，　　同唱一曲革命歌，
洒下党的雨露。　　　　共走一条大寨路。

《乌兰牧骑演唱材料》1973 年第 1 期封二

乌兰牧骑演唱材料　　一九七三年七月
　　　　　　　　　　　　第　一　期

《乌兰牧骑演唱材料》1973 年第 1 期目录

红 色 宣 传 员　　达·阿拉坦巴干　摄影
　　　　　　　　　　　李　天　纪诗

踏着老八路的足迹，　　迎着阶级斗争的风浪，
走遍千里草原，　　　　把毛泽东思想宣传，
一轮红日心里藏，　　　今天栽下革命果，
怕什么千难万险。　　　明日草原花更艳。

《乌兰牧骑演唱材料》1973 年第 1 期封三

《乌兰牧骑在前进》 内蒙古人民出版社 1973 年

乌兰牧骑演唱

4

1975

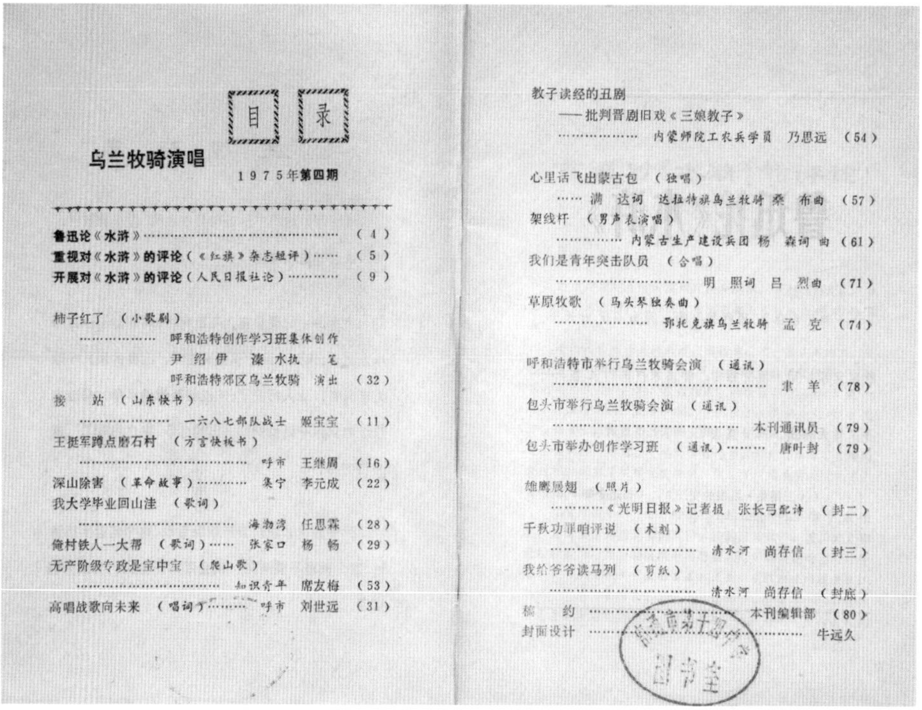

目 录

乌兰牧骑演唱

1975年第四期

《乌兰牧骑演唱》1975年第4期目录

千秋功罪咱评说　　清水河 **尚存信**

《乌兰牧骑演唱》1975 年第 4 期封三

雄鹰展翅

《光明日报》记者摄
张长弓 配诗

象雄鹰展翅，
象鸿雁长鸣，
战斗的歌舞啊！
凝聚着阶级的深情。

歌声，充满对毛主席的热爱，
舞姿，展现出草原的群英，
草原人民欢迎你们啊，
——文艺战线的轻骑兵！

《乌兰牧骑演唱》1975 第 4 期封二

文艺节目

第 八 辑

乌兰牧骑专辑

国务院文化组文艺创作领导小组编

《文艺节目》1975年第八辑乌兰牧骑专辑

《文艺节目》1975年第八辑乌兰牧骑专辑目录

《乌兰牧骑演唱》1976年第1期

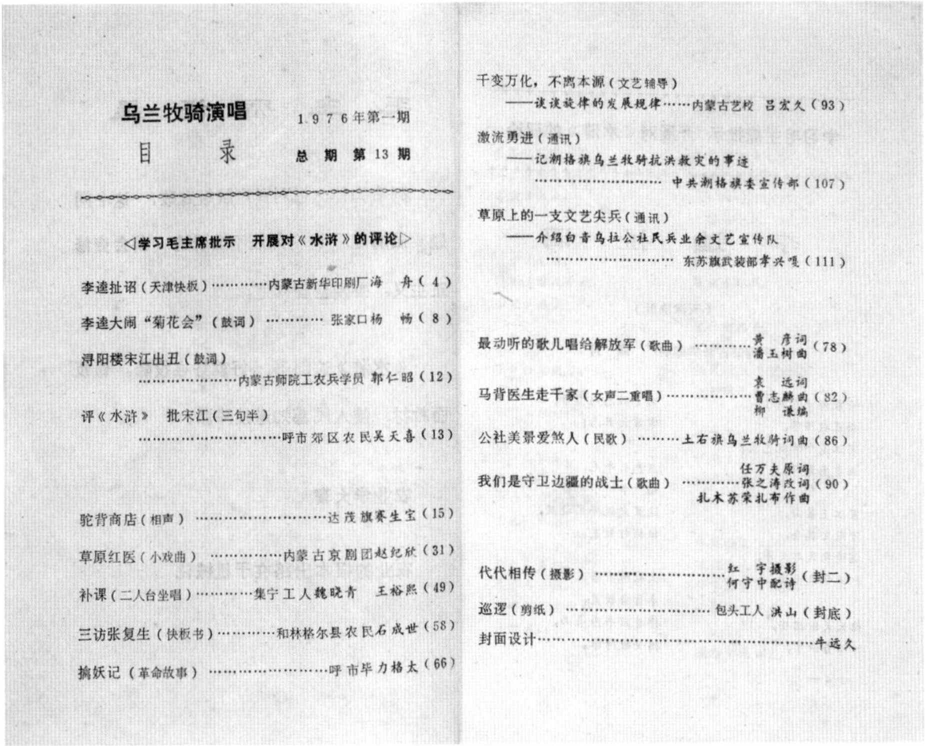

乌兰牧骑演唱

1976年第一期

目　录

总期第13期

《乌兰牧骑演唱》1976年第1期目录

187

《乌兰牧骑演唱》1976 年第 3 期

《乌兰牧骑演唱》1976年第3期目录

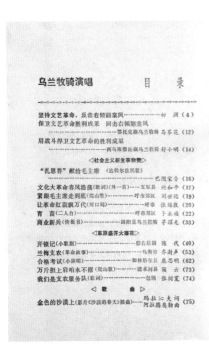

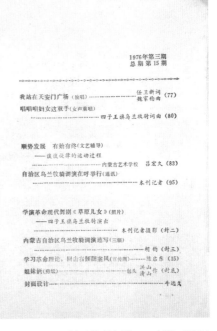

学演革命现代舞剧《草原儿女》
——四子王旗乌兰牧骑演出
本刊记者摄影

《乌兰牧骑演唱》1976年第3期封二

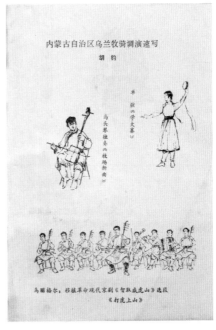

内蒙古自治区乌兰牧骑调演速写
胡钧

《乌兰牧骑演唱》1976年第3期封三

189

乌兰牧骑演唱

WULANMUQIYANCHANG

5.6

1976

《乌兰牧骑演唱》1976 年第 5、6 期

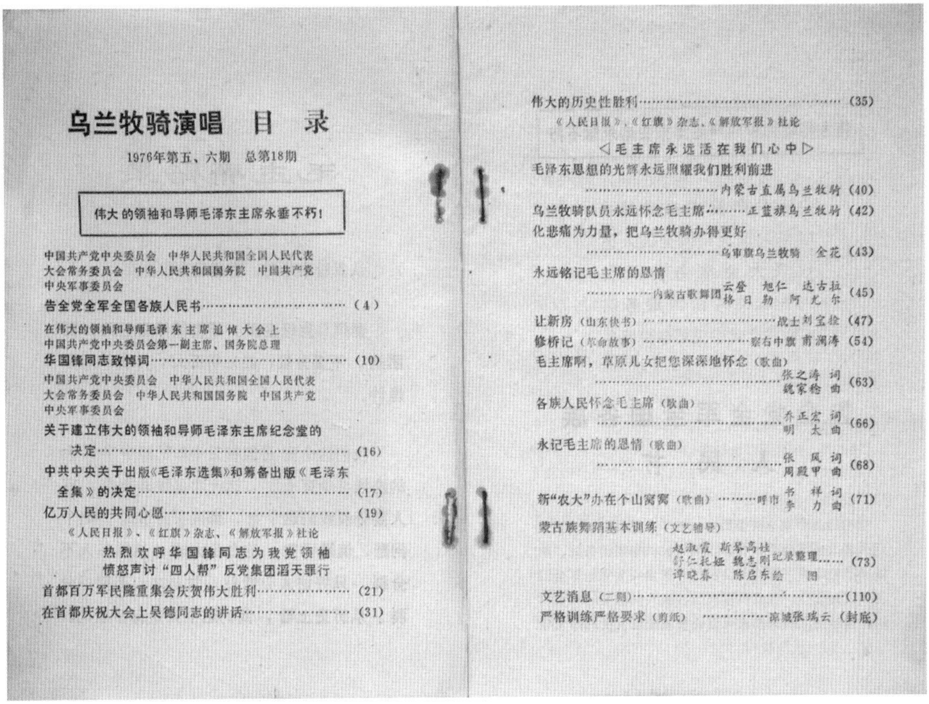

乌兰牧骑演唱 目 录

1976年第五、六期 总第18期

《乌兰牧骑演唱》 第5、6期目录

191

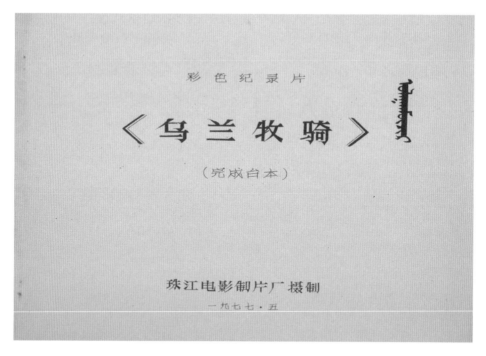

彩色纪录片《乌兰牧骑》完成台本　1977 年 5 月

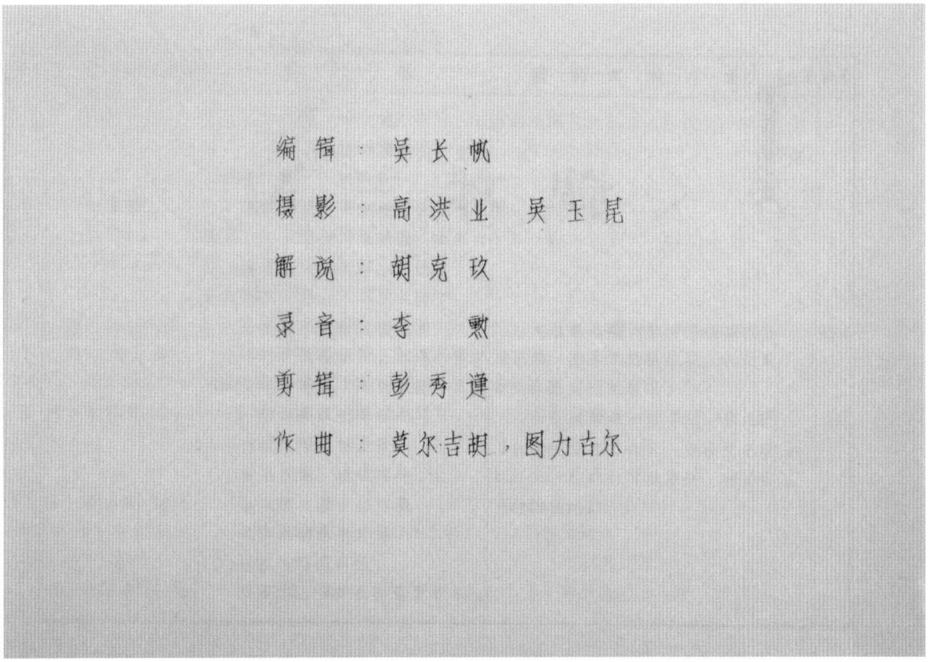

编辑：吴长帆

摄影：高洪业　吴玉昆

解说：胡克玖

录音：李　勋

剪辑：彭秀莲

作曲：莫尔吉胡，图力古尔

彩色纪录片《乌兰牧骑》完成台本内页　1977 年 5 月

《乌兰牧骑演唱》1977 年第 1 期

《乌兰牧骑演唱》1977年第1期封二

《乌兰牧骑演唱》1977年第1期目录

《乌兰牧骑演唱》1977年第1期目录

《乌兰牧骑演唱》1977 年第 2 期

乌兰牧骑演唱　　目录

1977年第二期
总 第 19 期

《乌兰牧骑演唱》1977 年第 2 期目录

《乌兰牧骑演唱》1977 年第 2 期封三

《乌兰牧骑演唱》1977 年第 3 期

《乌兰牧骑演唱》1977年第3期目录

《乌兰牧骑演唱》1977 年第 4 期

乌兰牧骑演唱　目　录

1977年第4期
总 第 22 期

《乌兰牧骑演唱》1977年第4期目录

201

《乌兰牧骑演唱》1978 年第 1 期

《乌兰牧骑演唱》1978 年第 1 期目录

舞蹈《彩 虹》（剧照）　　　陈启东 摄
内蒙古直属乌兰牧骑演出

《乌兰牧骑演唱》1978 年第 1 期封二

乌兰牧骑演唱

WULANMUQI YANCHANG

2
1978

《乌兰牧骑演唱》1978 年第 2 期

目 录

《乌兰牧骑演唱》1978 年第 3 期

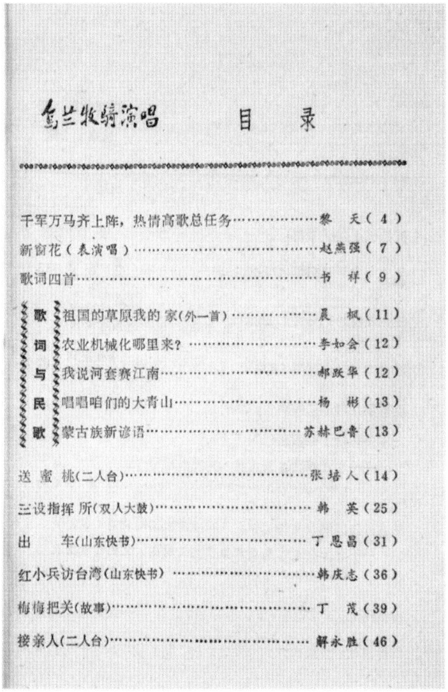

乌兰牧骑演唱　　目　录

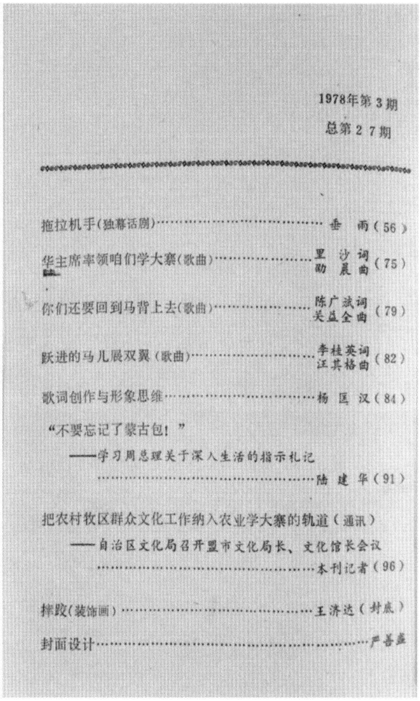

1978年第3期
总第27期

《乌兰牧骑演唱》1978 年第 3 期目录

乌兰牧骑演唱

4
1978

WULANMUQI YANCHANG

《乌兰牧骑演唱》1978 年第 4 期

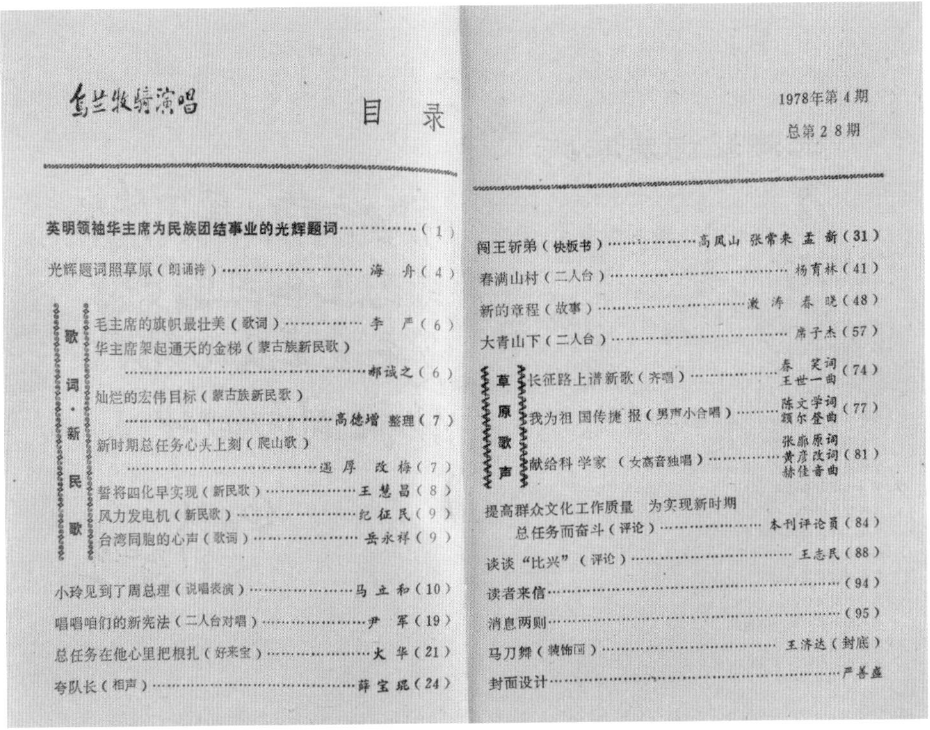

乌兰牧骑演唱

1978年第4期
总第28期

目 录

《乌兰牧骑演唱》1978年第4期目录

刊载乌兰牧骑的报刊资料

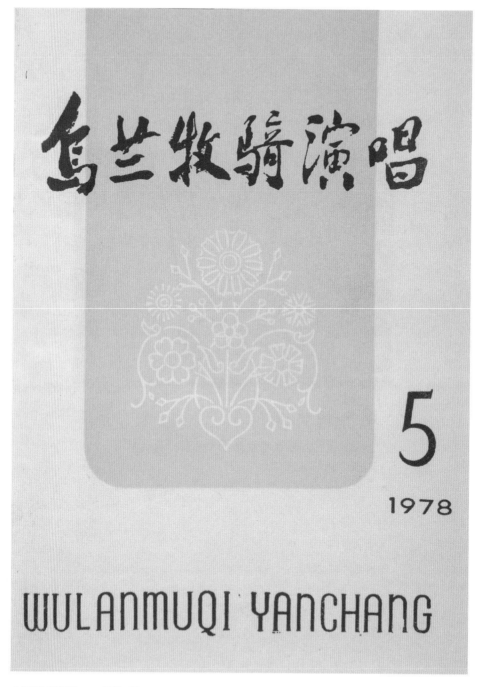

乌兰牧骑演唱

5

1978

WULANMUQI YANCHANG

《乌兰牧骑演唱》1978 年第 5 期

难忘的时刻
　——伟大的领袖毛主席接见乌兰牧骑队员

《乌兰牧骑演唱》1978 年第 5 期目录　　　　　　《乌兰牧骑演唱》1978 年第 5 期封二

《乌兰牧骑演唱》1978 年第 6 期

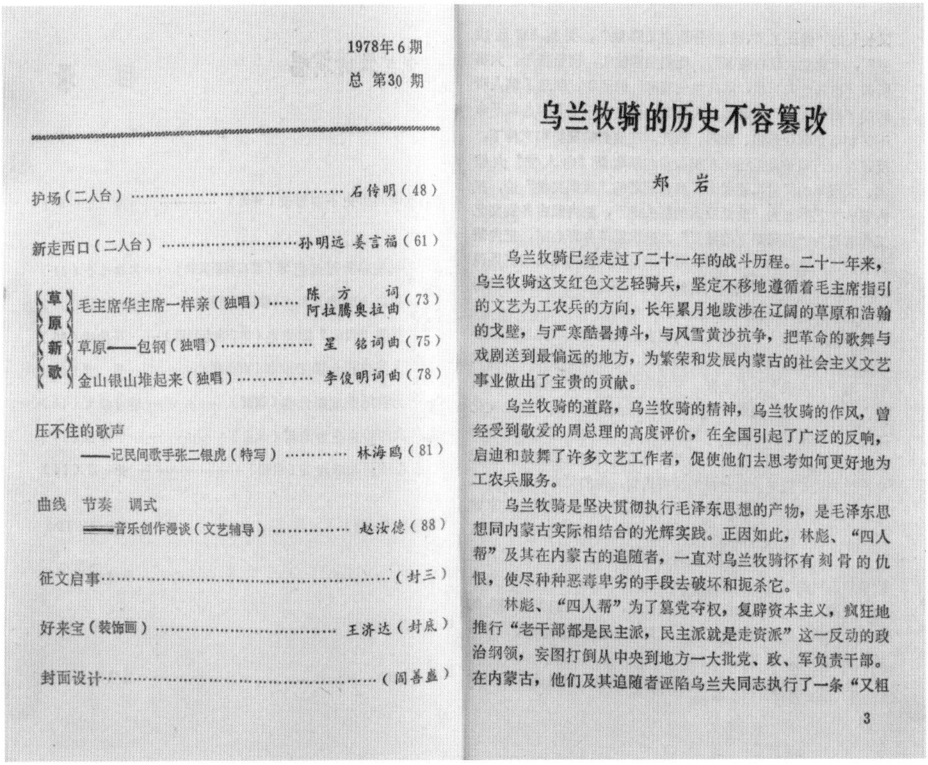

1978年6期
总 第30 期

乌兰牧骑的历史不容篡改

郑 岩

乌兰牧骑已经走过了二十一年的战斗历程。二十一年来，乌兰牧骑这支红色文艺轻骑兵，坚定不移地遵循着毛主席指引的文艺为工农兵的方向，长年累月地跋涉在辽阔的草原和浩瀚的戈壁，与严寒酷暑搏斗，与风雪黄沙抗争，把革命的歌舞与戏剧送到最偏远的地方，为繁荣和发展内蒙古的社会主义文艺事业做出了宝贵的贡献。

乌兰牧骑的道路，乌兰牧骑的精神，乌兰牧骑的作风，曾经受到敬爱的周总理的高度评价，在全国引起了广泛的反响，启迪和鼓舞了许多文艺工作者，促使他们去思考如何更好地为工农兵服务。

乌兰牧骑是坚决贯彻执行毛泽东思想的产物，是毛泽东思想同内蒙古实际相结合的光辉实践。正因如此，林彪、"四人帮"及其在内蒙古的追随者，一直对乌兰牧骑怀有刻骨的仇恨，使尽种种恶毒卑劣的手段去破坏和扼杀它。

林彪、"四人帮"为了篡党夺权，复辟资本主义，疯狂地推行"老干部都是民主派，民主派就是走资派"这一反动的政治纲领，妄图打倒从中央到地方一大批党、政、军负责干部。在内蒙古，他们及其追随者诬陷乌兰夫同志执行了一条"又粗

3

213

WULANMUQI YANCHANG

《乌兰牧骑演唱》1979 年第 3 期

乌兰牧骑演唱　目　录

《乌兰牧骑演唱》1979年第4期

顶碗舞　　摄影　陈启东

《乌兰牧骑演唱》1979 年第 5 期

乌兰牧骑演唱　　目　录

1979年第5期
总第35期

《乌兰牧骑演唱》1979年第5期目录

219

《乌兰牧骑演出》1979年第6期

《乌兰牧骑演出》1979 年 第 6 期目录

幸福歌　　王全大 茵德荣 摄

《乌兰牧骑演出》1979 年第 6 期封二

221

《草原歌声》1982 年第 6 期

《草原歌声》1982 年第 6 期封二

《草原歌声》1982 年第 6 期封三

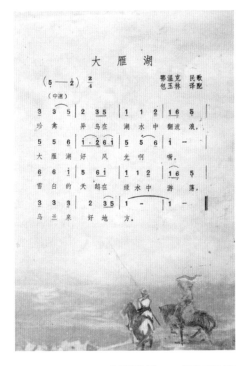

《草原歌声》1982 年第 6 期封底

ᠪᠦᠬᠦ ᠤᠯᠤᠰ ᠤᠨ ᠤᠯᠠᠭᠠᠨ ᠮᠥᠴᠢᠷ ᠮᠠᠶᠢᠭ ᠤᠨ ᠲᠤᠭᠯᠠᠯᠲᠠ ᠦᠵᠡᠭᠦᠯᠭᠡ

全 国 乌 兰 牧 骑 式 演 出 队 文 艺 会 演

ᠢᠵᠧ ᠠᠶᠢᠮᠠᠭ ᠤᠨ ᠣᠲᠣᠭ

伊 盟 鄂 托 克 旗 乌 兰 牧 骑

资 料 汇 编

ᠥᠪᠥᠷ ᠮᠣᠩᠭᠣᠯ ᠤᠨ ᠥᠪᠡᠷᠲᠡᠭᠡᠨ ᠵᠠᠰᠠᠬᠤ

内 蒙 古 自 治 区 伊 盟 鄂 托 克 旗 文 化 局
内 蒙 古 自 治 区 伊 盟 鄂 托 克 旗 民 族 事 务 局
1 9 8 3 · 9 · 1 5 ·

全国乌兰牧骑式演出队文艺会演伊盟鄂托克旗乌兰牧骑《资料汇编》　1983 年 9 月 15 日

目　　录

全国乌兰牧骑式演出队文艺会演伊盟鄂托克旗乌兰牧骑《资料汇编》内页　1983 年 9 月 15 日

 རིག་གནས་ལས་དོན་གནད་བསྡུས་

文化工作简讯

（第三期）

乌兰牧骑专辑

西藏自治区文化局　编

一九八四年六月

《文化工作简讯·乌兰牧骑专辑》（第三期）　1984 年 6 月

哲 里 木
文学艺术研究
资 料 汇 编

哲里木盟文学艺术研究所

《哲里木文学艺术研究资料汇编》 1989 年

全国乌兰牧骑先进团（队）
表彰大会暨交流演出

资 料 汇 编

中华人民共和国文化部少数民族文化司编

1997 年 8 月

《全国乌兰牧骑先进团（队）表彰大会暨交流演出资料汇编》 1997 年 8 月

庆祝自治区成立50周年
乌兰牧骑建立40周年
暨全区第二届乌兰牧骑艺术节
中央部委领导活动日程

7月11日上午8:40	在政府礼堂与乌兰牧骑合影
9:00	在政府礼堂出席艺术节开幕式
下午3:00	在乌兰恰特出席乌兰牧骑40年图片展《今日乌兰牧骑巡礼》电视片剪彩仪式
晚6:00	在新城宾馆玻璃厅就餐
晚8:00	在政府礼堂观看首场演出
7月12日上午8:00	参观葛根塔拉草原
下午6:30	回新城宾馆就餐
7月13日上午8:30	参观图书馆、博物馆、昭君墓
下午	机动
晚	机动
7月16日 晚8:00	在乌兰恰特出席艺术节闭幕式

7月12日下午至16日下午参加艺术节的乌兰牧骑分别在乌兰恰特、铁路工人文化宫演出。详细安排见全区第二届乌兰牧骑艺术节活动手册

庆祝自治区成立50周年乌兰牧骑建立40周年暨全区第二届乌兰牧骑艺术节中央部委领导活动日程

《乌兰牧骑研究》2005 年 10 月第三辑

戈壁鲜花

乌拉特后旗乌兰牧骑 编

《戈壁鲜花》乌拉特后旗乌兰牧骑编 2008 年

《艺苑轻骑》2009 年 9 月第 6 期

文化下乡　　　　　　碾旁练功　　　　　　参加劳动

体验生活　　　　　　情洒草原　　　　　　和谐赞歌

草原上升起不落的太阳

内蒙古锡林浩特乌兰牧骑大型民族风情歌舞剧《天堂草原》宣传册

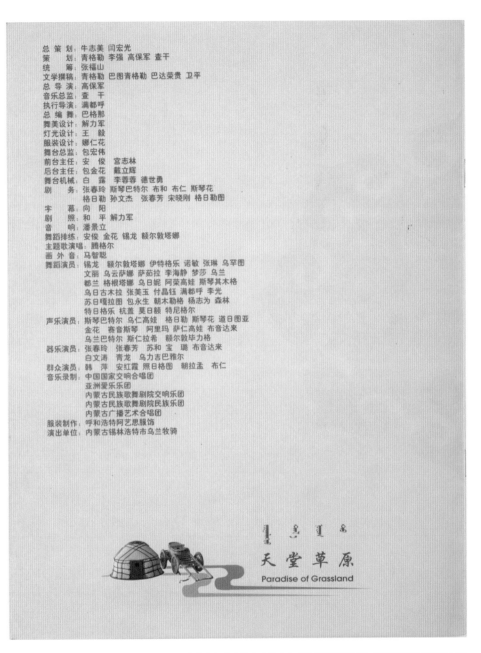

总 策 划：牛志美 闫宏光
策　　划：青格勒 李强 高保军 查干
统　　筹：张福山
文学撰稿：青格勒 巴图青格勒 巴达荣贵 卫平
总 导 演：高保军
音乐总监：查 干
执行导演：满都呼
总 编 舞：巴格那
舞美设计：解力军
灯光设计：王 毅
服装设计：娜仁花
舞台总监：包宏伟
前台主任：安 俊 宫志林
后台主任：包金花 戴立辉
舞台机械：白 露 李蓉蓉 德世勇
剧　　务：张春玲 斯琴巴特尔 布和 布仁 斯琴花
　　　　　格日勒 孙文杰 张春芳 宋晓刚 格日勒图
字　　幕：向 阳
剧　　照：和 平 解力军
音　　响：潘景立
舞蹈排练：安俊 金花 锡龙 额尔敦塔娜
主题歌演唱：腾格尔
画 外 音：马智聪
舞蹈演员：锡龙 额尔敦塔娜 伊特格乐 诺敏 张琳 乌罕图
　　　　　文丽 乌云萨娜 萨茹拉 李海静 梦莎 乌兰
　　　　　都兰 格根塔娜 乌日妮 阿荣高娃 斯琴其木格
　　　　　乌日古木拉 张美玉 付晶钰 满都呼 李光
　　　　　苏日嘎拉图 包永生 朝木勒格 杨志为 森林
　　　　　特日格乐 杭盖 莫日额 特尼格尔
声乐演员：斯琴巴特尔 乌仁高娃 格日勒 斯琴花 道日图亚
　　　　　金花 赛音斯琴 阿里玛 萨仁高娃 布音达来
　　　　　乌兰巴特尔 斯仁拉希 额尔敦毕力格
器乐演员：张春玲 张春芳 苏和宝 璐 布音达来
　　　　　白文涛 青龙 乌力吉巴雅尔
群众演员：韩 萍 安红霞 照日格图 朝拉孟 布仁
音乐录制：中国国家交响合唱团
　　　　　亚洲爱乐乐团
　　　　　内蒙古民族歌舞剧院交响乐团
　　　　　内蒙古民族歌舞剧院民族乐团
　　　　　内蒙古广播艺术合唱团
服装制作：呼和浩特阿艺思服饰
演出单位：内蒙古锡林浩特市乌兰牧骑

天堂草原
Paradise of Grassland

内蒙古锡林浩特乌兰牧骑大型民族风情歌舞剧《天堂草原》宣传册封底

《我从草原来》蒙古族风情音舞诗宣传册

《草原上的文艺轻骑队乌兰牧骑》 内蒙古人民出版社

后　记

我出生于 1965 年，当时正是乌兰牧骑红遍祖国大江南北的时期。童年的记忆便是乌兰牧骑演出的《草原英雄小姐妹》、顶碗舞、筷子舞以及样板戏等。乌兰牧骑以其短小精悍、演员一专多能、能拉会唱、会放幻灯片等，深受广大人民群众喜爱。

那个难忘的年代，国家正处于困难时期，人民的生活相对艰苦，文化艺术比较贫乏，若能看到乌兰牧骑演出，便是一件非常幸福的事情。没有电灯，便用汽灯、马灯；没有音响，便用话筒。演员既要演出，又要访贫问苦，为群众送医送药，救助灾区受灾群众、孤寡老人、残疾人等，所以群众称他们为"贴心人"。

时光如梭，乌兰牧骑伴我从童年、少年、青年步入中年。20 世纪 90 年代初，在我的收藏生涯中，便有了刻骨铭心的乌兰牧骑藏品。

《草原起妙音——图说乌兰牧骑》的出版，要感谢内蒙古人民出版社的大力支持，感谢王占义先生为此书欣然作序，感谢王继雄大哥，感谢全国各地藏友的支持，感谢西渠壹社（北京）广告设计公司杨志武、苏丽娜夫妇，感谢我的好兄弟赵强，感谢一直帮助、支持我的朋友们！

乌兰牧骑，我的挚爱！这朵草原红花，历经六十余年的风风雨雨，情系草原，永开不败。

向乌兰牧骑致敬！

曹志高
2017 年 5 月于北京潘家园丰安斋

图书在版编目（ＣＩＰ）数据

草原起妙音：图说乌兰牧骑 / 曹志高编著 . -- 呼和

浩特：内蒙古人民出版社，2018.4

　　ISBN 978-7-204-15362-6

　　Ⅰ . ①草… Ⅱ . ①曹… Ⅲ . ①乌兰牧骑文艺宣传队—

图集 Ⅳ . ① G247-64

中国版本图书馆 CIP 数据核字 (2018) 第 071785 号

草原起妙音 ——图说乌兰牧骑

作　　者　曹志高

策划编辑　王继雄

责任编辑　罗　婧

美术编辑　曹东欣

出版发行　内蒙古人民出版社

地　　址　呼和浩特市新城区中山东路 8 号波士名人国际 B 座 5 楼

印　　刷　内蒙古爱信达教育印务有限责任公司

开　　本　710mm×1000mm 1/16

印　　张　15.25

字　　数　80 千

版　　次　2018 年 9 月第 1 版

印　　次　2018 年 9 月第 1 次印刷

印　　数　1 － 2000 册

书　　号　ISBN 978-7-204-15362-6

定　　价　63.00 元

如发现印装质量问题，请与我社联系。

联系电话：（0471）3946120

网址：http://www.impph.com